생각의 보폭

NINGEN WA IROIRONA MONDAI NI TSUITE DOU KANGAETE IKEBA YOINOKA

by MORI Hiroshi

Copyright © 2013 MORI Hiroshi

All rights reserved.

No part of this book may be used or reproduced in any manner
whatsoever without written permission except in the case of brief quotations
embodied in critical articles and reviews.

Originally published in Japan by SHINCHOSHA Publishing Co., Ltd. in 2013.

Korean Translation Copyright © 2018 MINDBUILDING

Korean edition is published by arrangement with SHINCHOSHA Publishing Co., Ltd.
through BC Agency.

인간의 여러 가지 문제를 어떻게 생각하면 좋을까

생각의 보폭

모리 히로시 지음 | 박재현 옮김

구체적인 삶을 강요받는 사람들을 위한
추상적으로 사는 법

마인드
빌딩

디테일에 현혹되지 않는 사람들의
추상적 사고법

나의 일은 외서 기획과 번역이다. 일본의 이런저런 흥미로운 책들을 읽고 출판사에 그 책에 대한 내용을 들려주고 그것을 번역하는 것인데, 매번 나는 '좀 더 구체적으로 말씀해주세요.'라는 요구의 말을 듣는다. 하지만 이 일을 하기 이전 회사에 다녔을 때도 늘 나는 '구체적인 안을 제시하라''해결책을 구체적으로 검토하라''구체적인 데이터를 내놓아라'는 식으로 늘 '구체적으로……'라는 말을 들으며 살아왔다.

어릴 적부터 그랬다. 하고 싶은 게 무엇인지 구체적으로 생각하라. 꿈은 현실적으로 구체적으로 그릴 때에 이뤄진다. 이런 말들을 듣고 읽으며 살아온 것은 비단 나 혼자만이 아닐 것이다.

하지만 모든 사람이 구체적인 것만을 원했던 것은 아니다. 몇몇 사람은 구체적인 것을 요구하기보다는 스스로 단편적인 정보에서 비약적인 사고로 발전시키기도 했다. 그 비약적인 사고에 능한 사람 중 한 사람이 현재 R출판사의 대표로 있다. 그는 책에 대한 단편적인 이야기를 잠자코 듣다가 눈을 반짝이며 '결국 ○○라는 거죠? 그거 마치 ×× 같네요.'라며 자신의 의견을 들려주었는데, 정작 책을 읽은 나보다도 더 정확히 저자의 의도를 꼭 집어냈다. 그 비약에 순간 당혹감을 느꼈지만 저자가 정작 말하려고 했던 게 어쩌면 그것이었을지 모른다는 생각에 고개가 끄덕여졌다.

그 같은 비약은 머릿속에서 어떻게 이뤄지는 걸까? 그 사고법은 대체 무엇일까? 얼핏 고개를 갸웃하지만 곧 '아하!' 하고 무릎을 탁 치게 되는 발상력은 과연 어디서 오는 것인지 참으로 궁금했다. 그 때문인지는 몰라도 '사고법'이나 '뇌과학'에 관한 책을 호기심을 가지고 꽤 많이 읽었다. 하지만 '이거다!'라고 수긍할 만한 책을 발견하지는 못했다. 그러던 중 이 책과 만났다.

이 책의 원제는 다소 밋밋한 《인간의 여러 가지 문제에 대하여 어떻게 생각하면 좋을까》로 평소 '어떻게 생각하면 좋은지'에 대한 갈망이 없었다면 집어 들지 않았을지 모른다. 하지만 내 눈은 이 책에 꽂혔고 어쩌면 찾는 답을 이 책에서 발견할지도 모른다고 기대했다. 하물며 저자인 모리 히로시는 소설가로서 일본에서도 독보적인 발상력의 소유자로 평가받고 있다.

그렇게 한두 장 책을 넘기기 시작했다. 그러는 가운데 '추상적인 사고법'에 대하여 이야기하고 있다는 걸 알았다. 이제까지 누구도 주목하지 않았던 사고법이었다. 읽을수록 알 듯도 모를 듯도 하여 알쏭달쏭한 기분이 들었지만, 한 가지 분명히 느낀 것은 오랫동안 알고 싶었던 답을 찾았다는 확신이었다.

그런데 추상적인 사고법에 대하여 구체적으로 설명할 수 없고, 저자도 어떤 구체적인 사례를 들어 독자의 생각을 옭아매는 데 매우 조심스러웠다. 결국 추상적으로 설명하고 있는 거다. 독자로서 이 책은 내게 큰 영감을 주었지만, 기획자로서는 참으로 난감했다. 이 추상적인 사고법에 대하여 추상적으로 설명하고 있는 책을 기획자로서 어떻게 '구체적으로 보여줄 수 있을까?' 하는 큰 과제를 짊어지게 된 것인데, 몇 해가 지나도록 그 방법을 찾지 못했고 출판사의 어느 누구도 공감해주지 않았다. 결국 '마케팅이 힘들다' 혹은 '구체적으로 무슨 얘기를 하는지 모르겠다'는 이유 등으로 거절당했다. 그렇게 이 책은 오래도록 내 책꽂이에 고이 모셔져 있었다.

그러던 중 마인드빌딩에서 마음의 근력을 키워줄 양서를 찾고 있다는 말을 들었고 순간 이 책이 떠올랐다. 다시금 소개할 기회가 온 것인데 사실 여전히 자신은 없었다. 그런데 마인드빌딩의 서재필 씨가 "나도 이런 식으로 생각한다"고 말해

주었을 때, 드디어 이 책의 진가를 알아보는 사람이 나타났음을 확신했다. 우리 주변에는 본래 추상적으로 생각하는 사람이 소수이기는 하지만 분명 있구나 하고 실감한 순간이기도 했다.

서재필 씨의 머릿속에는 어떤 추상화가 담겨 있다는 것 같다. 그것을 구체적인 '것'으로 펼쳐 보이려는 모습이 매우 의욕적이라 매번 긍정적인 에너지를 나눠 받는다. 한창 들떠서 이야기를 나누다 보면 생뚱맞은 화제로 전개될 때도 있지만 곁에서 기획편집자로 심미정 씨가 예리하게 나아갈 방향을 제시해준다. 추상적이라 뜬구름 잡는 얘기로 그치지 않게 어떤 구체성을 안겨주는 힘의 배합이 절묘하게 놀라운 팀워크를 이룬다.

이 책이 독자 여러분의 생각의 보폭을 좀 더 키우는 데 도움이 되어줄 어떤 것이 될 것이라고 믿는다.

박재현 번역가

차례

제2장 생각의 보폭으로 보는 인간관계

제3장 생각의 보폭을 넓히기 위해서는

제5장 생각의 정원을 만든다

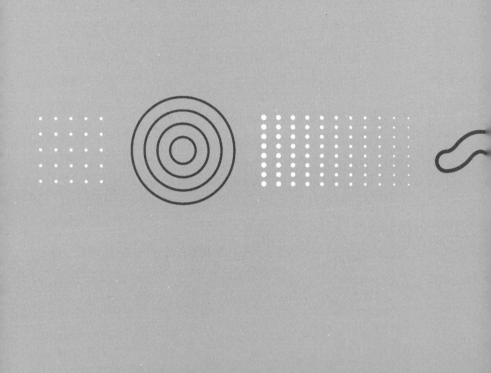

프롤로그

어떻게 하면 생각의 보폭을 키울까

일 때문인지 사람들은 내게 자주 고민거리를 상담해온다. 어쩌면 내가 '많다'고 느끼는 건 순전히 착각일 뿐으로 그저 보통 있는 빈도일지 모른다. 그런데 하필이면 나처럼 자유분방하고 삐딱하게 살아가는 사람에게 고민을 털어놓는지 평소 의아하게 생각했다. 그 때문에 괜히 더 '많다'고 느끼고 있는 걸지도 모른다. 그렇다고 사람들이 고민거리를 털어놓는 게 성가시다고 생각한 적은 없다. 하지만 약간의 저항감 같은 게 없는 건 아니다.

최근 10년간 사람들이 내게 가장 많이 묻는 것은 '객관적으로 생각하기 위해서는 어떻게 하면 좋은가?'라는 것이다. 하지만 그렇게 묻는 것 자체가 너무도 객관적이라서, 그것만으로 이미 충분히 객관적이지 않을까?

이 '객관적'이라는 부분을 '추상적'으로 바꾼 질문도 비교적 자주 받는다. 이런 고민이나 질문이 부쩍 많아진 건 내가 책을 내기 시작하면서부터다. 대학에서 교수로 일할 때는 전문 분야의 연구과제나 진로, 취업과 관련된 상담이 많았다. 이들 상담은 예외 없이 구체적이었다. 작가로서 책을 낸 이후에는 상담 자체가 꽤 추상적인 게 되어버렸다. 대학교수도 작가도 일단은 '선생님'으로 불리기에 고민을 털어놓고 조언을 구하기 쉬운 입장이라는 데는 변함이 없지만, 작가가 한층 '추상적으로 생각한다'고 사람들은 보고 있는 것 같다. 하지만 나는 그 반대라고 생각한다.

작가로서 글을 쓰거나 강연에서 이야기할 때는 자주 '좀 더 객관적으로 생각하라'거나 '조금은 추상적으로 생각하는 게 좋다'라고 표현한다. 그런 까닭에 모리 히로시는 그런 식으로 생각하는구나, 그렇다면 나도 그 사고방식을 익히자고 생각한다. 젊은 사람 중에는 모리 히로시처럼 생각하면 그처럼 돈을 벌게 될지도 모른다는 타산적인 속셈을 노골적으로 드러내기도 하여 나도 모르게 실소를 터뜨리기도 한다.

이 같은 고민이나 질문을 다양한 분야에서 일하는 사람들에게 받고 그 답에 대해 글로 쓸 기회를 지금껏 얻지 못했다. 그래서 이 책에서 처음으로 그에 관하여 진지하게 생각해보고자 한다. 그런데 사실 이제껏 이 주제에 관한 책을 쓰지 않은 이유를 굳이 밝히자면, 사람들이 이해하지 못할 것이라고 예상했고 또 이해시킬 만큼 잘 쓸 자신도 없었기 때문이다. 그러나 여하튼 써볼까 한다. 글로 정리함으로써 나 자신도 한 단계 성장할 것이고, 그러면 더 깊은 고찰이 가능할지도 모른다. 그리고 생각의 보폭을 키우는 계기가 될 것이라고 확신한다. 이 같은 긍정적인 생각에서 흔쾌히 이 책을 집필하기로 했다.

단, 이 말씀만큼은 꼭 드리고 싶다. 이 책을 읽는다고 객관적이고 추상적인 사고의 기술을 알게 되리라는 보장은 없다는 것! 기본적으로 노하우를 안다고 금방 따라하게 되는 것은 아니기 때문이다.

하지만 적어도 '객관적이 되자'거나 '추상적으로 생각하자'는 사람이 이 책을 읽을 것이고, 또 그러하기를 진지하게 원한다면 반드시 그런 방향으로 나아가게 될 것이다. 이 책은 그 효과를 좀 더 끌어올려 줄지 모른다. 그러기를 진심으로 바라고 다소나마 그렇게 믿지 않고서는 이 책을 쓸 수 없을 것 같다.

생각의 보폭은 어디로 향할 것인가

객관적이라는 말과 추상적이라는 말은 전혀 다른 의미이지만 '생각하는 방법'으로, 결국 사고의 방향성이나 사고의 실마리라는 점에서는 매우 비슷하다. 거의 같다고 해도 무방하다. 이것을 뒤집어보면, 일반적으로 세상 대다수 사람들의 사고방식은 지극히 주관적이고 구체적이다. 그것을 스스로 의식하고 있다면 문제 될 것은 없다. 그런데 무의식중에 그것을 기준이라고 여기기에 때때로 시야가 좁아지기 십상이고, 또 주관적이고 지나치게 구체적이기에 감정적이 되어 결과적으로 손실을 본다.

주관적이고 구체적인 것이 나쁜 건 아니다. 또한 감정적으로 되는 것이 결코 자연스럽지 않은 것도 아니다. 인간에게 주관은 중요하고, 구체적인 것들을 알지 못하면 결코 살아갈 수 없다. 그리고 감정적이지 않는 기계처럼 생각하고 행동하는 사람을 본다면 때로는 불쾌하기조차 하다. 생활 대부분은 오로지 주관과 구체성에 의해 성립된다. 따라서 그 사고방식만으로도 충분히 살아갈 수 있다.

주위 사람들이 온통 착한 사람뿐으로 늘 마음이 통하고 평화롭고 풍요롭게 살아가기를, 또 경쟁도 없고 성공이나 출세가 무의미하다고 생각하는 성인처럼 살아가기를 바란다면 그것도 좋을지 모른다. 예컨대 무인도에서 홀로 산다는 조건에서는 주관적이고 구체적인 사고로 살아가는 것이 문제 될 것은 없다. 실제로 야생동물은 모두 그렇게 살아가고 있다.

그러나 인간사회에서는 그럴 수 없다. 세상에는 수많은 사람들이 있다. 생각이 다른 타인과 함께 살아가지 않으면 안 된다. 사회에 진출하면 어느 정도는 경쟁이 있고 때로는 심각한 다툼과 맞닥뜨리기도 한다. 자신의 자유를 획득하기 위해서는 그것을 극복하거나 해결해갈 필요가 있다. 그러하다면, 주관적이고 구체적이고 감정적인 것에 사로잡혀서는 명백히 불리하다.

작다면 작고 크다면 큰 생각의 보폭

단순히 그 정도의 일이다. 사전에 꼭 말씀드리고 싶은 것은 생각의 보폭을 키운 결과로써 객관적이고 추상적인 사고 혹은 거기에 동반하여 이성적으로 행동할 수 있었다고 해도 조금 유리해지는 것밖에 되지 않는다. 옳으냐 그르냐의 문제가 아니다. 또 그럴 수 있었다고 해서 인간으로서 훌륭해지는 것도 아니다.

하지만 생각의 보폭을 키우다 보면 언젠가 당신은 큰 도움을 받을 것이다. 또 한결 넓어진 생각의 보폭으로밖에 해결할 수 없는 문제도 분명 존재한다. 우리는 일에서든 인생에서든 그런 장면과 반드시 맞닥뜨리게 된다. 그때 자신의 힘만으로 극복해나갈 수 있다면 타인과의 차이를 크게 벌릴 수 있다. 그것이 인생의 성패를 가른다. 단지 그뿐으로, 작다면 작고 크다면 큰 이야기다. 그리고 어떻게 볼지는 그 사람의 가치관에 달려 있다.

구체적인 것이 방해한다

객관적으로 생각한다는 것은 쉽게 말해 자신의 입장이 아닌 더 높은 시점에서 내려다보고 인식하는 것이다. 여기에는 '상대의 입장이 되어서'라는 생각도 포함된다. 요컨대 자신을 일단 뒷전으로 미루고 자신의 견해가 아닌 시점視點에서 생각하는 것이다.

또한 추상적으로 생각한다는 것은 간단히 말해 사물의 본질을 파악하는 것으로, 겉으로 보이는 것에 현혹되지 않고 정말로 중요한 게 어디에 있는지를 찾기 위해 생각의 보폭을 키우는 것이다. 이 경우에 '중요한' 것은 예컨대 다른 사례에도 도움이 되는 것, 혹은 아무래도 좋은 자질구레한 것을 제외한 대략적인 경향을 말한다. 그리고 대개 아무래도 좋은 자잘한 것은 결국 자신의 입장이거나 타인의 시선(체면), 과거의 경험에 사로잡힌 감정적인 인상 같은 것이다. 이런 실제적이고 구체적인 것이 우리의 시야를 방해하기에 있는 그대로의 본질이 보이지 않는다. 결국 추상적으로 보기 위해서는 객관적이고 선명한 시점이 반드시 필요하다.

따라서 객관적인 사고법과 추상적인 사고법은 꽤 비슷하다. 실제로 다를 때도 있지만 지향하는 자세는 거의 같다. 객관적이면 저절로 추상적이 되고, 또 추상적인 것을 추구하면 객관적으로 바라보지 않을 수 없기 때문이다.

비록 '이상론'일지라도

본론에 들어가기도 전에 벌써 이야기가 추상적으로 되어버렸다. 이렇듯 추상적인 이야기를 듣거나 읽거나 하면 대다수 사람은 졸음을 느낀다. 왜냐하면 우리는 이미 일상생활 속에서 구체적인 삶을 강요받고 있어서 추상성을 추구하는 감각이 퇴화되어 있기 때문이다. 이 감각을 되살리는 건 분명 어려운 일로 꽤 많은 시간이 필요하다. 때때로 구체적인 사례를 들어 설명하지 않으면 아마 이 책을 끝까지 읽지 못할지도 모른다. 따라서 조금은 구체적인 사례를 들어 이야기를 전개해갈 생각이다. 추상적인 이야기는 고차원의 것이지만 구체적인 사례를 제시한 순간 돌연 저급한 것이 되어버린다. 그럼에도 모쪼록 끝까지 읽어주길 바란다.

일례로 영토문제를 들고자 한다. 민감한 부분이지만, 생각의 보폭에 객관성을 확보한다는 의미에서는 이보다 안성맞춤인 화제도 없을 것이다.

여기에 섬을 사이에 둔 A와 B라는 국가가 있다. 양국은 그 섬을 서로 자신의 영토라고 주장하며 한 치의 양보도 용납하지 않는다. 세상에는 실제로 이 같은 영토문제로 몇십 년을 다투고 있는 나라가 있다. 거리를 두고 멀찍이 떨어져 바라보면 어리석은 일처럼 보이곤 한다. 하지만 그것이 내 나라의 일이 되면 도저히 물러설 수 없는 사태에 휘말리고 만다.

자, 이때 당신은 어떻게 생각할 것인가?

'당연히 우리나라의 영토다!'라고 소리 높여 주장하는 사람이 대다수일 것이다. 그들은 '상대국의 주장을 듣는 건 괜한 짓이다. 소극적으로 대응한다면 상대에게 기회를 줄 뿐이다. 따라서 철저하게 끝까지 우리의 땅임을 주장하며 맞서야 한다'고 말한다. 나는 실제로 이 같은 영토문제로 여러 차례 질문받은 적이 있다. 대학의 내 연구실에는 한국인뿐 아니라 중국인도 많았다. 그들은 지도교수인 모리 히로시가 과연 어떤 식으로 생각하는지 궁금했을 것이다.

간단히 말해, 나는 '모른다'라고 대답했다. 나는 그 문제에 대하여 역사적인 자료를 찾아본 적이 없어서 상세한 내용을 알지 못한다. 언론매체가 떠드는 지식 정도로 도저히 어느 쪽이 옳다고 말할 수 없었기 때문이다.

그래서 이번에는 내가 그들에게 물었다. '당신은 어떤 근거를 가지고 그곳이 자국의 영토라고 말할 수 있는가?' 그런데 대개 어떤 근거도 가지고 있지 않았다. 오히려 나보다도 모르는 경우가 허다했다. 자국의 영토임을 증명할 지식을 가지고 있다고 말하는 사람도 자세히 이야기를 들어보면 대개가 언론매체가 떠들어대는 것을 덥석 받아들인 것이거나 일방적인 자료를 근거로 하고 있었다. 객관적인 사고에 의한 주장이라는 것은 책에도 신문에도 없다. 세상 어디에도 존재하지 않는다. 어쩌면 영토문제는 본디 그런 것일지 모른다.

여기서 나는 한 가지 제안을 하고 싶다. 자신의 입장에서 벗어나 생각의 보폭을 키우기 위한 한 가지 방법으로써 참고하길 바란다. 먼저, A국에서 그 섬이 B국의 영토라고 주장하는 학자(전문가)를 찾는다. 또 B국에서도 그 섬을 A국의 영토라고 주장하는 학자를 찾는다. 그들 학자는 자국의 국익을 뒷전으로 미루고 사태를 보고 있기에 아마 보통 사람들보다 객관적인 사고를 하고 있을 것이다. 물론 언론매체는 이 사람들의 의견을 결코 세상에 알리지 않는다. 그런 것을 보면 언론도 객관적이지 않다.

양국의 그런 학자들이 한자리에 모여 토론회를 연다. 양국이 '이 섬은 당신네 나라의 영토입니다'라고 열띤 논쟁을 벌이는 광경을 양국의 국민이 지켜본다.

'웃기는 소리'라며 웃어넘길지도 모르지만, 실제로 카페에서는 자신이 찻값을 지불하겠다며 서로 계산서를 빼앗는 광경을 드물지 않게 볼 수 있다. '이번에는 내게 낼게'라면서. 우리 인간은 상대에게 양보하는 '미덕'이라는 것을 안다. 이럴 수 있는 생물은 인간뿐이다. 이 같은 논쟁을 보며 많은 사람이 인간이 얼마나 친절한 존재인지를 다시금 깨닫고 온화한 마음을 가지게 되지 않을까.

그런 것은 그저 이상론일 뿐이라고 말하는 사람도 많다. 사실 이상론이라는 것을 잘 안다. 하지만 할 수만 있다면 이상을 목표로 삼는 것이 객관적이고 추상적인 사고의 목적으로, 내 이상이기도 하다. 이상이 나쁠 리 없다. 나쁘다면 그것은 더 이상 이상이 아니기 때문이다.

감정적이 되지 않도록

다른 예를 들어보자. 최근 출간한 책에서 나는 '원자력발전소의 방사능 누출 사고로 인해 원자력발전은 한층 안전해질 것이고, 지금보다 원자력발전을 반대할 이유는 줄어들 것'이라고 말했다. 그로 인해 원자력발전을 반대하는 사람들로부터 많은 항의를 받았다. 그런데 좀처럼 이해할 수 없는 것은 그들이 왜 항의하는지 '이유'를 밝히지 않았다는 점이다. 그저 '학자가 돼서 그것도 모르냐!' '아이들이 고통받고 있다' '당신은 결국 어용학자이냐?'라는 식의 감정적인 말만을 늘어놓았다.

나는 원자력발전에 찬성하지 않는다. 일단 나는 '반대냐 찬성이냐'를 분명히 할 만큼 원자력발전에 대하여 잘 알지 못한다. 주관적인 느낌으로도 반대와 찬성은 50대 50이다. 그래서 이번 방사성 물질 누출 사고로 인하여 조금은 안전해질 테니 55%는 찬성한다고 말한 적도 있다.

나는 원자력발전에 관하여 연구해온 사람과도 교류가 있다. 원자력발전소를 직접 견학했던 적도 세 번이나 있다. 한창 공사가 진행되는 모습을 지켜보거나 안전성 실험에 참여한 적도 있다. 그리고 원자력발전에 관한 서적도 여러 권 읽었다. 특히 최근 일 년 동안에는 20권이 넘는 책을 읽었다. 찬성 의견도 반대 의견도 가리지 않고 읽었다.

그런데 원자력발전을 반대하는 사람들 중에는 내 책을 두고 '이런 책은 읽어선 안 된다'고 말하는 사람도 있다. 자신의 의견에 반대되는 타인의 의견에 귀를 막는다는 건 그만큼 자신의 의견에 자신감을 가지지 못한다는 증거이다. 원래 자신의 의견이라는 게 있기는 한지 의심스럽다. 토론회나 공청회에 원자력발전을 추진하는 사람들을 단 한 발자국도 들여놓지 못하게 하는 일이 벌어져서는 안 된다. 분노하는 것도 이상하다. 이런 중요한 일을 감정적으로 다뤄 좋을 게 없다.

많은 사람들을 모아놓고서 '이토록 많은 사람이 원하는데……'라고 주장한다. 자세히 보면 많은 이들 중에는 초등학생을 비롯한 어린아이들이 뒤섞여 있다. 어린아이까지 동원해야만 하는 이유는 대체 무엇일까? 도저히 알 수 없다. 조금만 객관적인 입장에서 사물을 봤으면 하고, 그토록 극렬히 반대하는 '이유'를 자세히 말해주길 바랄 뿐이다. 나는 이미 새끼 코끼리 담보처럼 귀를 활짝 펼치고 들을 자세가 되어 있다.

하지만 지금 어디서도 그 이유를 들을 수 없는 게 유감스럽다.

여기서 오해가 없기를 바라는 데 나는 그저 이유를 알고 싶은 것이지, 원자력발전을 추진하라고 말하고 있는 게 아니라는 사실이다. 아무쪼록 그 같은 시점을 가지길 바란다.

어떻게 하면 유연하게 사고할 수 있을까

지금까지는 아직 '객관적'인 사고법에 대하여 말하고 있다. 자신의 입장이라는 것을 일단 잊고서 보다 높은 세계적인 시점을 가진다는 의미다. 그렇다면 '추상적'인 사고법이란 어떤 것일까?

앞서 예로 들었던 두 나라의 영토문제를 추상화하면, 두 그룹이 어떤 것에 대하여 각기 자신의 소유물(혹은 권리)이라고 주장한다. 양쪽 다 자신의 것임을 증명할 결정적인 증거를 내놓지 않는다. 역사적으로 어떠했는지, 과거에 한 차례 차지한 적이 있다든지, 이미 현재 자신들이 점유하고 있다든지, 지금껏 불평하지 않았다든지, 뭐 그런 것들을 주장한다. 그렇다고 한다면 일본열도가 일본의 국토임을 무엇을 근거로 말할 수 있을까? 우리가 태어나기 전부터 토지는 있었지만 왜 태어나기 이전의 약속에 구속당하는 것일까?

예컨대 토지의 경계선을 둘러싼 다툼이라면 선조 대대로

있었다. 우리 집 땅이다, 울타리는 어디에 있는가? 왜 울타리를 마음대로 옮겼는가? 이전에는 여기에 있었다…… 이런 식의 언쟁이 오갔다.

약간 추상성이 부족하지만, 이런 경우에 구체적인 것과 거리를 두고서 일반화하는 것이 '추상화'이다. 어디에 있는 섬인지, 어느 나라의 영토문제인지, 일단 잊고서 생각할 때 비로소 보이는 것이 있다. 영토문제가 아니라 영토문제 '같은 것'을 생각하는 것이다.

본디 왜 각 그룹의 구성원은 그들이 속한 그룹의 소유물을 늘리려는 것일까? 어느 누가 '그건 우리의 것이다'라는 정보를 양산하고 있는가? 나아가 '자신의 것'이라는 의미는 무엇인가? 그룹의 소유라면 개인에게는 어떤 이익이 있는가? 그저 감정적으로 생각했던 문제를 이렇듯 차츰 추상화해감으로써 냉정히 바라보게 된다.

추상화함으로써 문제를 전체적으로 볼 수 있고 전혀 다른 문제에 적용할 수도 있다. 여기에 그치지 않는다. 예컨대 '국경'이나 '경계선'이라는 것은 대체 어떤 것일까? 이 같은 정의나 언어적인 의미에 이르기도 한다. 경계라는 건 수학적으로는 굵기가 없는 선*인데, 현실적으로 굵기가 없는 선은 존재하지 않는다. 육지에 국경이 있는 유럽의 여러 국가들은 국경을 '이 부근' 정도로밖에 인식할 수 없다. 본디 땅은 불변이 아니다. 지각 변동에 의해 대륙도 끊임없이 움직이기 때문이다.

예를 들면 그렇다는 얘기다. 하지만 국경선이라는 건 굵기가 1km 쯤 되어도 좋은 게 아닐까. 세계 지도에 그려진 선은 충분히 그 정도의 굵기다. 그 국경선 위는 어느 쪽 국가의 것도 아니다, 혹은 양국 모두의 것이라고 양국이 결정하는 건 어떨까? '그렇게 간단한 문제인가?'라며 화내는 사람도 있을 텐데 조금 차분히 그리고 유연히 생각하는 태도는 양국에 있어 불리할 게 없다. 점차 국경선의 굵기를 확대해가면 '국가'라는 걸 그만두자는 주장을 내놓는 세계적인 정치가가 등장하지 않을까? 그런 식으로 생각해보면 인류의 미래는 조금 밝아질 수 있다.

이 책에서 말하고 싶은 것

생각의 보폭을 넓혀 이제부터 인간의 여러 가지 문제에 대하여 어떻게 생각하면 좋은지를 이야기하고 싶다. 그러나 주관적이고 구체적인 사고법은 이미 모두가 잘 알고 '논리적 사고법'에 대한 책은 산더미처럼 서점에 나와 있는 현실에서 굳이 내가 다시 이야기할 필요는 없다. 균형적인 인간이 되기 위해서는 그와는 반대로 객관적이고 추상적인 사고법을 갖춰야 하기에 이것에 관하여 쓰려고 한다.

개인으로서 많은 사람이 균형적이고 냉정하고 품격도 갖추기를 바란다. 그런 사람들이 늘어나면 저절로 사회의 품격도 높아진다. 그리고 그것은 결과적으로 인류 평화로 이어질 것이다.

그토록 거창한 문제인지를 반문한다면 나는 꽤 그렇다고 답하고 싶다.

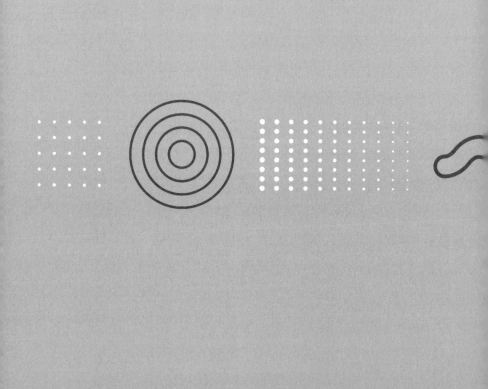

제1장

구체에서 추상으로
생각의 보폭을 키운다

'추상적'이라는 것은
'연유를 알 수 없다'는 의미가 아니다

여러분은 상사를 비롯해 주위의 여러 사람들로부터 '뭔가 구체적인 안을 생각하라'는 요구를 받은 경험이 있을 것이다. 무슨 이유에서인지 '구체적'이라는 말은 일반적으로 좋은 의미로 사용되고 있다. 그것은 어렴풋한 것이 아니라 철저히 생각한 것, 샅샅이 조사한 것, 실제로 도움이 되는 현실성을 띤 것을 머릿속에 그리고서 하는 말이다. 이와는 반대로 '추상적'이라는 것은 애매하여 알기 어려운 것, 아직 명확히 정리되지 않은 생각, 실현과는 거리가 먼 단순히 새빨간 거짓말로 생각하는 사람도 많다.

그런 것을 보면 '추상적'이라는 말은 '좋지 않다'는 인식이 우리 사이에 널리 침투해 있는 듯하다.

예컨대 '좀 더 구체적으로 설명해 달라'고 요구하는 사람은 많지만 '좀 더 추상적으로 말해 달라'고 요구하는 사람은 일단 없다. 하지만 실제 연구자들 사이에서는 '좀 더 추상적으로 말하라'고 요구하기도 하여 어느 유명 수학자는 제자에게 깨우침을 주었다는 일화도 들어본 적이 있다.

추상화라는 것은 상태를 알 수 없는 그림쯤으로 인식하는 사람이 많다. 하물며 '추상'이라는 말을 '추상화' 이외에는 사용해본 적 없는 사람도 있을 것이다. '구체적'이라는 말을 일상 속에서 손쉽게 사용되는 데 비해 '추상적'이라는 말은 거의 사용되지 않아 낯설기조차 하다. 그것은 추상이라는 의미를 잘 이해하지 못하고 있기 때문이다.

회화라는 것은 원래 모두 (아마도) 구체화였다. 왜냐하면 그림의 목적은 눈으로 본 것을 기록하기 위한 것이었고, 그것을 다른 사람에게 전달하기 위한 것이었기 때문이다. 이때 다른 사람이 '그것이 무엇인지'를 이해하지 못하면 의미가 없다.

그러나 현대 회화는 이 같은 목적을 이미 가지고 있지 않다. 예술로서 그려진 그림은 그것이 무엇을 그린 것인지를 전하기 위한 것이 아니라 타자가 어떻게 느꼈는지를 말하는 것이 되었다. 어떻게 느꼈는지는 '산'이라거나 '꽃'이라는 구체적인 것이 아니라 이를테면 '훌륭하다'거나 '아름답다'는 감정이다. 개인의 감정을 말로는 잘 표현할 수 없는데 그것을 그림으로 표현하는 것이다. 어느 예술가는 구상화를 그려 자신이 본 대로 타자도 보길 바라고, 다른 어느 예술가는 자신이 느낀 것 자체를 그림으로 그리려고 한다. '훌륭하다!'라는 감동을 그림에 담는 것, 이것이 추상화다. 그 그림을 본 사람이 '훌륭하다!'고 느낀다면 그림을 그린 사람의 마음이 전해진 것이다. 비록 무엇이 그려졌는지는 몰라도 그저 '아, 아름답다'고 느낀다면 그것이 추상화가 전하고 싶었던 것일지 모른다.

:

사물의 본질에 주목하기

사전을 찾아보면 '추상'이라는 것은 '여러 가지 사물이나 개념의 어느 측면이나 성격을 추출하여 파악하는 작용'이라고 설명한다. 이때 우리가 주목해야 하는 특징 외의 대부분의 구체적인 정보는 잘라내는 '사상捨象'이라는 과정이 동반된다. 이것은 먹을 수 있는 부분만을 남기고 먹을 수 없는 겉껍질을 버리는 것으로 생각하면 이해하기 좀 쉬울 것이다.

왜 이렇듯 구체적인 정보를 버리는 것일까? 그것은 그렇게 함으로써 '무엇이 본질인지'를 보다 쉽게 알 수 있고, 다른 다수의 것에도 공통하는 일반적인 개념을 만들어내기 쉽기 때문이다.

일례로, 숫자가 그러하다. 인간은 세상에 존재하는 것들을 하나, 둘, 셋……으로 헤아릴 수 있게 생각해냈다. 대상이 무엇이든 헤아릴 때는 개개에 차이가 있어도 구애받지 않는다. 그런 구체적인 정보를 일단 버리고 '개수'로서 다룬다. 그러면 수의 계산을 할 수 있다. 이게 수학이다. 수학이라는 것은 사물을 최대한으로 추상화한 사고방식이라고 말할 수 있다.

세상의 모든 문제는 수학의 공식대로 간단히 풀 수 있는 것은 아니지만, 수의 계산이 가능하기에 복잡한 것을 비교적 간편하게 처리할 수 있게 되었다.

추상화할 때에 버려진 정보가 불필요했던 것은 아니다. 따라서 완전히 버리는 것이 아니라 일단 그것을 뒷전으로 미루고서 생각하자는 것이다. 그러지 않으면 복잡해 보이는 겉모습에 현혹되어 문제의 본질을 보지 못하게 되어 결과적으로 잘못된 판단을 내리기 때문이다.

여기에 몇 개의 사과가 있다. 그것을 2인분으로 나누기 위하여 개수를 센다. 실제로는 사과의 크기는 제각기 다르고 어쩌면 개중에는 썩은 것도 있을지 모르지만, 일단 그런 정보를 버리고 하나, 둘…… 하고 셀 수 있는 '거의 같은 것'으로 가정한다. 이러한 '가정'이 인간만이 할 수 있는 고도의 사고 방법이라고 할 수 있다.

머리가 좋은 사람이라도 일단 자신의 머릿속에 집어넣은 것을 '잊기'란 결코 쉽지 않다. 객관적으로 생각할 때는 자신의 경험이나 지식, 입장을 잊을 필요가 있고, 추상적으로 생각할 때는 눈에 보이는 표면적인 것에 사로잡히지 않는 게 중요하다. 분명 이것은 어려운 일이다. 그러나 결코 불가능한 일도 아니다. 인간에게는 그럴 만한 능력이 있다. 그러하기에 인간이라고 할 수 있다.

일례로 '상대의 입장이 되어 생각하는' 것은 인간 이외의 동물에게는 불가능하다. 그러나 우리 인간은 그럴 수 있다. 어떻게 그것이 가능할까? 그것은 인간은 '상상할 수 있'기 때문이다. 상상한다는 것은 인간이 사고하는 데 있어 가장 큰 특징으로 앞서 말했던 '가정'도 일종의 상상이다.

.
.
.

상상이 필요한 이유

상상이라는 것은 현실에 없는 것, 눈에 보이지 않는 것, 경험한 적 없는 것, 지금 직접적으로 관계가 없는 것, 그런 미지의 것으로 존재하지 않는 것을 생각하는 것이다. 하지만 주관적인 것, 구체적인 것에 얽매여 있으면 상상할 수 없다. 왜냐하면, 상상하는 행위가 현실을 인식하는 데 방해가 되기 때문에 반대로 그것을 규제(자제)하도록 생리적으로 작용하고 있기 때문이다. 결국 스스로 상상하는 것을 저해하고 있는 것이다.

황당무계한 꿈은 누구나 꿀 수 있다. 특히 어린 시절에는 그런 꿈을 자주 꾼다. 아이는 꿈이 아니라도 현실과 동떨어진 생각을 한다. 어른에게 이야기하면 '그런 꿈 같은 소리는 마라'는 꾸지람을 듣기에 아이는 차츰 주위와 타협하게 된다. 이 타협이 바로 '상식'이다. 상식이 갖춰지면 상상력은 잠잠해질 수밖에 없다. 상상한 것을 스스로 부정하는 동안에 차츰 생각하지 않게 된다. 평소 생활에서 상상력을 사용할 기회가 거의 없다고 말해도 좋다. 상상력을 작동시키지 않아도 충분히 살아갈 수 있고 오히려 이상한 생각을 하지 않는 편이 쉽게 살아진다고 말할 수 있다.

그러나 대상을 객관적이고 추상적으로 생각하기 위해서는 아무래도 현실을 뛰어넘을 필요가 있다. 그것은 실제로는 제각기 다른 사과를 마치 동일한 것인 양 이미지화 하는 것과 같다. 그런 '가정하는' 발상이 없다면 대상을 추상적으로 파악할 수 없다. 또 자신의 시점이 아닌 다른 시점을 갖지 않는다면 객관적인 전체상은 보이지 않는다(상상할 수 없다). 하물며 현실에 존재하지 않는 개념을 파악하기 위해서는 자신이 체험한 것, 배운 것, 알고 있는 것에 얽매이지 않는 새로운 감각을 가지지 않으면 안 된다. 여기에는 이질적인 것을 받아들이는 '호기심' 같은 태도가 매우 중요한 요소로 작용한다.

추상의 중요성

이런 이야기를 하면 많은 사람이 의심스러운 눈초리로 '그런 게 정말로 중요한가?'라고 되묻는다. 그래서 구태여 피부에 와닿게 이야기하자면, 그 추상적인 사고에 의해 나온 독특한 영감은 당신을 부자로 만들고, 자유롭게 하고, 사람들이 존경하는 사람으로 만들어줄 것이다. 따라서 이것은 많은 위인이나 성공한 사람들에 공통한다고 말할 수 있다. 이처럼 구체적으로 말하면 흥미로울까?

부도 자유도 존경도 필요 없다고 말하는 사람이 있다. 그런 사람에게 상상력 따위는 불필요한 것일까? 그렇지 않다. 상상력을 사용하여 객관적으로 생각하고 추상적으로 사물을 볼 수 있다면 온갖 역경에서 우리는 자신을 스스로 지켜낼 수 있다. 생각을 조금 달리 하는 것만으로 고난을 이겨낼 수 있다. 바로 여기에 방점을 찍고 싶다. 내 지인 중에는 자살한 사람들이 좀 있다. 주위의 어느 누구도 그들을 도울 수 없었다. 아마 그들 자신밖에 도울 수 없었을 것이다. 많은 경우 자살하는 사람의 사고는 너무도 주관적이고 구체적이다.

구체적으로 설명하면

그렇다면 '추상'에 대하여 조금 구체적으로 설명해보자. 구체적으로 이야기하는 경우에는 예를 들게 되기 때문에 대개는 '예컨대'로 시작하고, 예외 없이 '일례'라는 것을 제시한다. 이것은 매우 좁은 한정된 범위로 눈을 돌리는 것이고 그러하기에 '초점'이 맞는다. 뒤집어 말하면, 주위의 넓은 범위는 보이지 않는다.

예를 들어, 소설을 읽고 어느 등장인물이 마음에 들었다고 가정해보자. 자신도 그 등장인물처럼 되고 싶다는 동경심을 가진다. 여기까지는 꽤 추상적이다. 좀 더 자세히 살펴보면, 그 등장인물은 30대의 대학교수로 이공계다운 사고방식을 가지고 있다. 따라서 자신도 서른이 될 때까지 이공계 학문을 전공하여 대학교수가 되자고 생각한다. 그 등장인물이 커피를 좋아하면 자신도 커피를 마신다. 말투도 흉내 낸다.

이 같은 사례는 결코 드물지 않다. 스타가 입은 것과 동일 브랜드의 패션이 날개돋인 듯 팔리기도 한다. TV에서 본 요리가 먹고 싶다. 대중이라는 것은 이토록 영향을 받기 쉬운 존재라니…… 놀라울 따름이다. 물론 나쁘다고 말하는 것은 아니다. 그것은 어디까지나 개인의 자유다.

이렇듯 '자신이 어떤 외모를 좋아하는가'라는 눈에 '보이는' 특징이 결국 '구체적'인 것의 대표라고 할 수 있다. 그런데 이것을 충실히 받아들인다고 당신이 동경하는 그 등장인물이 될 수 있을까? 사실 그렇지는 않다. 왜냐하면 30대 대학교수로 커피를 좋아하는 사람일지라도 당신이 질색하며 싫어하는 타입의 인물이 있기 때문이다. 그 조건을 충족시키는 사람은 수두룩하다. 자명한 사실이지만, 인간은 그런 외면적인 측면만으로는 알 수 없다.

그렇다면 당신은 그 등장인물의 어디가 마음에 드는 것일까? 그것은 살아가는 태도나 사고방식, 사람을 대하는 약간의 반응이거나 인생 자체이거나 한다. 간단히 말해 왠지 모르게 '그런 사람'이 좋은 것은 분명하지만 '바로 이 점이 좋다'고 간단히 설명할 수 있는 것은 아니다.

이때 '그런 사람'이라는 머릿속에 있는 막연한 개념이 곧 '추상'이다. 이것을 다른 사람에게는 전할 수 없을지 모른다. 여러 장면에서 어떻게 행동했는지를 몇 가지 이야기하여 '대략 그런 사람'이라고 어렴풋한 인상을 전하는 수밖에 없다.

~과 같은 언어의 의미

이 막연한 인물의 인상을 타인에게 전할 때, 상징적인 소설 속 등장인물이라는 게 있다면 매우 편리하다. 그 등장인물의 이름을 앞세워 '○○선생 같은 사람'이라고 말하면 그 소설을 아는 사람이라면 전해질지 모른다. 당연하지만 비록 같은 소설을 읽었어도 등장인물에 대하여 제각기 다른 인상을 느끼기에 자신이 머릿속에 그린 이미지가 상대에게 정확히 전달되리라는 보장은 없다. 그저 그 자리에서 말이 통할 뿐이다.

'~과 같은'이라는 자주 사용하는 표현에 추상적으로 나타내는 기능이 있다고 의식하는 사람은 거의 없다. 그러나 예를 들어 사건을 보도하는 뉴스에서 '지렛대 같은 쇠붙이로 금고를 부쉈다'고 말하는 것을 들은 적이 있을 것이다. 이것은 지렛대라고 한정 지을 수는 없지만 결과적으로 판단해보건대 지렛대에 상응하는 기능을 가진 어떤 도구를 사용했다는 의미다. 지렛대인지 아닌지 구체적으로는 알 수 없다. 하지만 '기능'이라는 본질적인 것만을 꼽아내어 서술하고 있다. 비슷한 것으로 '○○차림의 남자'라는 말도 자주 듣는다.

'지렛대 같은 쇠붙이'라고 표현함으로써 타인에게 대략적인 이미지를 전할 수 있다. 그 정도의 파괴력을 지닌 도구라는 인식을 비교적 간단히 갖게 한다. 따라서 수색 단계에서 지렛대가 아닌 어떤 것을 발견한 경우에도 '어쩌면 이것으로도 가능할지 모른다'고 판단할 수 있다. 간단히 '지렛대'라고 구체적으로 한정해버리면 다른 물건을 간과하게 될지도 모른다. 이처럼 구체적이지 않은 추상적인 표현에 의한 전달이 유리한 점은 매우 많다.

여기서 주목할 점은 '지렛대'보다도 '지렛대 같은 것'이 집합으로서 크다는 것이다. 결국 추상화함으로써 거기에 포함되는 대상의 가짓수는 많아진다. 적합한 범위가 넓어지기에 초점이 맞지 않아 '흐릿해진' 느낌이 들지만 뒤집어 말하면 여러 가지 것들에 적용할 수 있는 가능성이 커진다.

'~와 같은'이라는 말을 덧붙이는 것만으로도 추상화되는 것은 왜일까? 이것은 원래 언어라는 것이 커뮤니케이션이 어굿나는 걸 막기 위하여 의미를 한정하는 성질을 가지고 있기 때문이다. 언어가 비록 추상적인 개념을 나타내기 위해 생겨난 것일지라도 그 언어가 일반에 유통될 때는 어느 정도의 '정의'가 이뤄진다. 언어의 의미를 확인하고 '이런 의미로 한정하자'고 정하는 것이다. 이때 언어는 구체적인 게 된다. 예를 들어 처음 발견된 것은 당초에 '~와 같은 동물'이나 '~와 비슷한 식물'처럼 추상적으로 표현되지만 그 존재를 다수의 사람이 알게 되면 명백한 정의가 내려지고 새로운 이름이 붙여진다. 다수의 언어는 이 같은 세례를 받은 뒤 널리 퍼진다.

이미지를 한정하지 않는다

'~와 같은'이라는 말이 붙여지고 이러한 '정의'의 견고함을 버리게 된다. 아이는 많은 언어를 익히고 어른이 되는데 언어를 익힘으로써 본래 추상적으로 이해했던 이미지가 차츰 언어라는 기호로 대체된다. 언어를 익히면 시험문제의 빈칸에 적절한 답을 적어 넣을 수 있다. 따라서 그 외의 것들은 쓸모없는 것인 양 버려진다.

어릴 적에 읽은 이야기, 처음 읽은 소설은 똑똑히 기억하는 법이다. 읽는 데는 시간이 걸리지만 자기 안에서 명확히 이미지로서 그려지고 받아들인다. 그러나 점차 문장을 빠른 속도로 읽게 된다. 이것을 두고 많은 사람이 독서 능력이 향상되었다고 착각한다. 하지만 그렇지 않다. 언어가 나타내는 본래 이미지를 머릿속에서 그려보지 않고서 그저 언어를 받아들여 처리하게 되었을 뿐이다. 이런 상태에서 책을 읽기에 차츰 감명이 옅어지고 곧 잊힌다. 책을 산더미처럼 읽는 사람, 빨리 읽는 사람일수록 이 같은 경향이 보인다.

구체적인 것은 처음에는 산더미 같은 정보가 뒤따르지만 그 가운데 극히 소수의 언어로 그것을 기억하고 전달하고 그리고 사고하게 된다. 언어도 구체적인 것 중 하나다. 기억하기 쉽고 전하기 쉽다. 그 밖의 많은 이미지 혹은 세밀한 사항은 차츰 잃는다.

그런 '언어'에 비하여 '~와 같은' 것이라는 막연한 이미지는 기억하기도 어렵고 전달하기도 어렵다. 하지만 그것을 받아들인 사람의 두뇌가, 확장하고 상상하고 보완하기 위한 정보로서는 많은 것을 전하기에 시간이 지나도 결과로서 대부분의 이미지가 남는다.

어떤 것이든 여러 가지 측면을 가진다. 따라서 몇몇 가지의 말로 그 이미지를 한정하지 않는 게 중요하다.

공평하게 대상을 바라볼 수 있는 방법

또렷이 보이는 것(초점이 정확히 맞는 것)을 일부러 눈을 가늘게 뜨고 흐릿하게 본다. 그러면 거기에 있는 것을 추상적으로 파악할 수 있다. 가족을 볼 때도 눈을 가늘게 뜨고 보면 누구인지 알아볼 수 없다. 그저 흐릿하게 보면 그곳에 한 사람의 인간이 있다는 것밖에는 알지 못한다. 때로는 그런 흐릿하게 보는 시점이 필요하다.

예컨대 그 사람의 행동이 문제가 되어 그것을 용납할 것인지 아니면 책임을 물어야 하는 일인지를 판단해야만 할 때에 일단은 자신과 그 사람의 관계를 잊고 한 사람의 인간으로서 봐야만 하는 경우가 있다. 당신이 만약 재판관이라면 늘 그런 눈을 가져야 할 것이다.

추상적으로 사물을 본다는 것이 가지는 이점 중 하나는 이렇듯 '객관적으로 보는' 것이다. 달리 말해 '공평성'이다.

'결국 이것은 단순히 개인과 개인의 다툼이 아닌가?' '냉정히 생각해보면 현재의 문제만 얽힌 게 아니라 훨씬 이전부터 문제를 일으킬 빌미가 있었다'라는 말을 했을 때에 '결국……'이나 '냉정히 생각해보면……'이라는 말은 앞서 말했던 '흐릿하게 보는' 시점으로 객관적으로 생각하라는 것과 같은 의미다.

널리 응용할 수 있다

추상적으로 사물을 바라봄으로써 얻을 수 있는 또 다른 이점이 있다. 이것이 우리에게는 더 유익할 것이다.

그것은 추상화함으로써 적용할 수 있는 범위가 확대되기에 비슷한 것을 연상하기 쉽다는 것이다. 이것에 의해 어떤 지식이 다른 데서 이용되는 기회가 생기기도 하고, 또 전혀 다른 분야에서 사용할 수 있는 아이디어를 얻기도 한다. 여기서 '아, 무슨 말인지 짐작이 간다'고 생각하는 사람은 이미 추상적 사고를 하고 있다고 말할 수 있다.

하지만 '대체 그게 무슨 말인가?'라고 좀처럼 이해하지 못하는 사람도 당연히 많을 테고, 그들은 무심코 '그것은 구체적으로 어떤 것인가?'라고 묻고 싶을 것이다.

문제를 해결하는 발상

세상을 살아가다 보면 때때로 문제에 부딪힌다. 대부분은 노력 여하에 따라 얼마든지 해결할 수 있다. 결국에는 시간을 들여 애쓴 만큼 문제는 해소된다. 그리고 비록 그러지 못했을 때도 남에게 도움을 청하면 대개의 문제들은 어떻게든 해결되기 마련이다. 인간 사회는 서로 도움을 주고받는 구조가 갖춰져 있어서 생각할 필요가 있는 문제는 거의 일어나지 않는다. 물론 불행한 사고나 재해, 질병에 의해 일어나는 문제들 중에는 간단히 해결할 수 없는 것도 많다. 그럼에도 우리는 피해를 최소한에 그칠 수 있도록 늘 최선의 길을 모색하며 살아간다.

여기서 '문제'라는 말에 어떤 사람은 학교 시험이나 퀴즈 같은 것을 떠올리기도 할 것이다. 만일 당신이 그러하다면 자신의 머리로 '생각할' 필요가 있다. 대개의 시험 문제는 '지식'을 묻는다. 암기한 것을 떠올리고 학습한 법칙에 적용하여 적절한 답을 선택하는 것이다.

물론 수학이나 일부 퀴즈는 그런 종류와는 다른 것도 있다. 그것은 지식과 무관하여 적용할 법칙도 존재하지 않는다. 암기할 것을 떠올려도 소용없고 어떤 공식에 따라 계산해야 할지 잘 모른다.

하지만 그 답을 듣고는 '아하, 그렇구나!' 하고 단숨에 '이해하는' 일도 수두룩하다. 그럼에도 '어떻게 그 문제를 생각하면 될지'에 대해서는 여전히 알지 못한다. 우연히 답을 떠올린 사람도 그것은 알지 못한다. '어떻게 그런 생각을 떠올렸는가?'라고 물어도 '그저 그런 생각이 들었을 뿐'이라는 대답밖에는 할 수 없다. 왜냐하면 그것은 어떤 공식에 따라 계산했거나 어떤 이론에 의해 나온 답이 아니기 때문이다.

수학을 잘하는 사람은 문제 풀이의 실마리를 이렇듯 '출처를 알 수 없는 발상'에서 찾는다. 불현듯 떠오른 생각이 옳은지 그른지를 확인하기 위해서는 계산이라는 과정을 거쳐야 하기에 발상력만으로 정답에 이르지는 못한다. 그러나 발상이 없다면 무엇을 어떻게 생각하면 되는지조차 알 수 없다.

이 같은 발상, 즉 불현듯 떠오른 '아이디어'는 일반적으로 우리가 인식하는 '생각한다'는 것과는 전혀 다른 두뇌활동에 의해 이뤄진다. 그래서 '생각해보면 안다'는 말을 듣고 골똘히 생각에 잠기지만, '계산한다' '논리적으로 이끌어낸다' '방법을 적용한다' '과거의 지식이나 경험을 떠올린다' '적당한 것을 선택한다'는 평소의 사고방식으로는 실현할 수 없다.

발상을 일으키는 방법

발상이라는 것은 논리의 비약과 같은 행위로, 어떻게 가야 다다를 수 있는지조차 알 수 없는 곳으로 느닷없이 뛰어오르는 생각이다. 그것은 모르기에 설명할 수 없고 그러하기에 당연히 '비논리적'이다. 발상을 하기 위해서는 상상력이 필요하다는 생각에서 '그럼, 상상해보라'고 말하지만 대체 무엇을 어떻게 하면 좋을지 여전히 알 수 없다.

상상이라는 것은 없는 것을 머릿속에 떠올리는 것인데, 눈앞에 없는 것의 이미지를 갑자기 머릿속에서 그리는 일은 당연히 어렵다. 설령 그럴 수 있었다고 해도 상관없는 것을 떠올린다. 하지만 관련성이 전혀 없는 것이 아니라 조금이라도 연관성이 있는 것이어야 한다. 결국에 어떤 '힌트'가 될 것 같은, 어떤 '관련성이 있는' 것을 떠올려야 힌트로서의 효율은 높아진다.

이를테면, 방을 정리하다가 '책꽂이를 만들면 책을 말끔히 수납할 수 있다'는 발상을 했다고 가정해보자. 다행히 나무판자를 가지고 있어서 그것을 지탱해줄 '무엇'만 있으면 된다. 마침 마트에 가는 친구에게 "가는 김에 '이런 것' 좀 사다줘" 하고 부탁한다. 'L자형 꺾쇠나 목공용 나사'라고 구체적으로 부탁하면 목적을 이룰 가능성은 매우 높다. 그런데 만일 그 상품이 점포에 없다면 친구는 사 올 수 없다. 치수를 정확히 지정해주면 오류를 없앨 수는 있지만 그러기 위해서는 사전에 구체적으로 도면을 그리고 이런저런 것들을 정해야 한다. 더불어 그렇게 구체적으로 정하면 그 치수가 아닌 것은 사용할 수 없다는 판단도 할 수 있다.

그런데 자신의 방 상태나 지금 갖고 있는 나무판자를 친구에게 보이고 '이런 식으로 만들려고 한다'고 사정을 말하고 이해를 구한다. 그러면 금속 부품도 좋고 지탱해줄 수 있는 블록, 막대도 괜찮겠다며 선택지는 훨씬 넓어진다.

이것은 '이런 식으로 만들 수 있는 것을 사다 달라'는 추상적인 의뢰다. 말로는 '나무판자를 받칠 수 있는 것' '금속받침대 같은 것'이라고 말하는 게 고작이다.

추상은 사고를 요구한다

추상적인 전달이 원활히 이뤄지면 자신이 상상한 것보다 훨씬 좋은 아이템을 얻을 수 있다. 때마침 친구가 점포에서 편리한 물건을 발견하고 사 올지도 모른다. 그것은 '이 치수의 이 부품'이라고 구체적으로 부탁했을 때에는 결코 얻을 수 없는 결과다.

단지 부탁받은 친구는 마트에서 잠시 고민에 빠질 것이다. 사용할 수 있을지를 판단해야 하고, 만일 쓸모가 없다면 그 책임을 져야 한다. 만일 이것이 일로서 의뢰받은 (예컨대 계약을 체결한) 것이라면 경우에 따라서는 구체적으로 지정하지 않으면 나중에 문제가 될 수도 있다. 따라서 비즈니스에서는 구체적인 지시나 약속이 중시된다.

친구에게 부탁하는 게 아니라 자신이 직접 마트에 가는 경우를 생각해보자. 이때는 굳이 말로 전할 필요도 없고 자신의 사정을 누군가에게 설명하거나 이해를 구할 필요도 없다. 마트에 진열된 상품을 보며 스스로 생각한다. 거기에 놓인 물건 가운데서 요긴하게 사용할 것 같은 물건을 찾아내는 작업이다. 여기에 약간의 호기심이 있다면 전혀 다른 분야에서 흥미로운 물건을 발견하게 될지도 모른다. 여러 다양한 물건들을 그저 바라보는 가운데 문제를 어떤 식으로 해결하면 좋을지를 생각한다. 이를테면 책꽂이에 얽매여 있을 필요도 없다. 상자에 담거나 전혀 다른 방법을 떠올릴지도 모른다. '책꽂이를 만든다'는 결정 자체가 쓸데없는 것임을 깨달을지도 모른다.

추상적인 사고라는 것은 이처럼 처음부터 한정하여 정하는 것이 아니라 흐릿하고 먼 시야를 가지고 '쓸 만한 것' 혹은 '문제를 해결할 것 같은 것'을 찾는 것이다. 이로운 점으로는 선택지가 자유로워 보다 적절한 해결책을 찾을 가능성이 커진다는 것, 한편 해로운 점으로는 생각하는 게 성가시다는 점을 꼽을 수 있다.

．
．
．

생각의 보폭이 만든 '패턴'

이 '쓸 만한 것을 찾는 눈'은 누구나 가지고 있는 걸까? 물론 개인차는 있다. 가장 차이가 두드러지는 것은 경험일 것이다. 결국 과거에 같은 문제를 해결한 경험이 있다면 '또 그런 식으로 할 수 있을지 모른다'는 힌트가 될 만한 모델 몇 개를 이미 자기 안에 가지고 있다. 그 모델들은 조건이 완전히 같지 않아도 이용할 수 있다. 방법이 비슷하면 '동일한 듯' 적용시켜 해결할 수 있다.

예컨대 한 가지 패턴으로 해결하려고 했지만 두 가지 패턴을 사용하니 훨씬 손쉽게 문제를 해결했던 경험이 있는 사람은 다음번에는 한 가지 패턴에 구애받지 않는다. 과거에 자신이 했던 발상이 추상적인 '양식' 혹은 '패턴'이 되어 다음번 발상의 힌트가 된다. 추상적으로 생각하는 사람일수록 이 같은 패턴이나 모델을 수없이 가지고 있어서 차츰 문제 해결력이 높아지는 건 당연하지만, 사실 반드시 그렇다고도 할 수 없다.

왜냐하면 자신이 과거에 어떤 발생을 떠올렸던 패턴이나 양식에 사로잡히기 때문이다. 그 패턴이나 양식이 증가하는 만큼 그 재사용으로 문제를 해결하려는 빈도가 많아지고 그로 인해 새로운 발상을 가져올 마음의 자세를 잃는다.

또한 자기 자신이 발상한 것이 아닌 타인에게 배운 패턴이나 양식도 그 사람의 사고방식을 옭아매는 결과를 낳는다. 학교에서 아이들에게 산수 문제를 어떻게 풀면 되는지 해법을 가르치고 있는데, 그 아이는 그것을 빌미로 발상을 하지 않게 된다. 하물며 학교에서는 그 해법을 그대로 적용시켜 풀 수 있는 문제밖에는 출제하지 않아 시험에서 좋은 점수를 받으면 자신의 머리가 좋아졌다고 생각한다. 하지만 그런 교육으로는 스스로 발상하는 경험을 할 수 없다.

일본 초등수학에는 '츠루카메산(つるかめ算, 학과 거북의 마릿수와 다리의 합계로 각각 몇 마리가 있는지를 계산하는 셈 - 역주)'

의 놀라운 점은 '만일 학의 다리가 4개라면……'이라고 상상하는 데 있다. 다리가 4개인 학은 이 세상에 존재하지 않는다. 그래도 문제를 풀기 위해 사람은 그것을 상상한다. 넋이 나갈 만큼 놀라운 발상이 아닐 수 없다. 이 같은 놀라움을 체험하는 것이 산수를 공부하는 묘미이고, 본질이라고 해도 과언이 아니다. 생각한다는 것만으로 전율을 만끽할 수 있는 멋진 체험, 이 '넋이 나갈 만큼' 놀라운 체험을 아이들이 체험할 수 있도록 지도해줄 수학 교사가 과연 있을까?

아이디어는 어디서 오는가

자유롭게 생각한다는 건 매우 고도의 두뇌활동이다. 이 세상에 없는 것, 있을 리 없는 것, 전혀 상관없는 것을 돌연 머릿속에 떠올리는 것이다. 머릿속에 떠오르는 것들을 끄집어내어 사용할지 말지를 차례로 취사선택한다. 이것이 아이디어를 떠올리는 과정이다(이렇듯 말로 표현하고 보니 멋대가리라고는 전혀 없는 게 되어버렸다).

이 과정 가운데 후반부의 '쓸모 있을지 혹은 없을지'를 확인하는 사고는 계산이고 논리적인 추측이다. 이 작업은 본인이 아닌 타인, 다른 여러 사람들의 도움을 받을 수 있고, 대개는 컴퓨터에 의한 지원이 가능하다. 한 사람의 머리로 하는 것보다 그편이 빠르다. 그러나 전반부의 발상을 하는 작업은 개인의 머리로밖에 할 수 없다. 사정을 정확히 이해한 타자가 있다면 여럿이 모여 논의하는 것도 가능할 테지만, 발상을 한다는 것은 어디까지나 개인적인 행위다.

닥치는 대로 무작위로 아이디어를 떠올리는 게 아니라 가깝거나 비슷한 것을 이미지로 떠올린다. 즉, 사용할 수 있는 건 머릿속 '가까운' 장소에 있고, 그것은 '비슷'하다. 이 경우의 '가깝다'는 것은 세상에서 일반적으로 말하는 장르가 아니다. 그 사람의 머릿속 가까운 곳에 놓여 있다는 의미다. 또한 '비슷하다'는 것도 형태인지 색깔인지, 아니면 기능을 말하는 것인지 알 수 없다. 그저 그 사람이 생각하는 이미지로서의 분위기가 유사하다는 것이다.

여러 가지 대상을 추상적으로 파악하는 사람은 평소에 사물을 추상적으로 보기에 머릿속에 그것들이 흐릿한 채 담겨져 있다. 흐릿하기 때문에 다른 것과 연관 짓기도 쉽다. 왠지 저것이 가까울 것 같다. 어딘지 모르게 비슷하지 않아? 그런 식으로 연상되어 마치 실타래처럼 줄줄이 머릿속에서 끌려 나온다. 발상을 하기 전부터 이런 식의 연상을 되풀이되기에, 왠지 모르게 관련된 것이 '가까이'에 있고 '비슷한' 것으로서 인식된다. 따라서 적절한 때에 꺼낼 수 있다.

아이디어라는 것은 대개 이런 논리에 맞지 않는 두서없이 이뤄지는 발상에 의해 나온다. 이것은 물리학이나 수학의 위대한 발견에서도 마찬가지였다. 나중에 '나뭇가지에서 떨어지는 사과를 보고 깨달았다'고 힌트가 된 이유를 말할 수 있지만 사과와는 전혀 관계가 없다. 단지 때마침 떨어지는 사과가 뉴턴의 머릿속 '가까이'에 들어왔을 뿐이다.

⋮

아이디어를 위한 준비

때때로 억지스럽게 '다른 사람이 생각하지 못하는 것을 생각하라'고 말하는 사람이 있다. 훌륭한 아이디어라는 것은 너무도 기발하여 아무도 생각하지 못한 것이라서 이처럼 말하는 것일 테지만, 본디 '하려고 해서 할 수 있는' 일이 아니다. 무엇보다 방법도 없어 머릿속에서 어떠한 과정을 거쳐야 할지도 알 수 없다. 그저 돌연 이뤄진다.

추상적 사고에는 구체적인 방법이라는 것이 존재하지 않는다(오히려 그 반대다). 평소에 추상적으로 보는 눈을 가짐으로써 머릿속에 독자적인 '패턴'이나 '양식'이 축적된다. 그리고 늘 보며 연상하는 가운데 가까운 것, 비슷한 것과 연관 짓는다. 이것이 멋진 아이디어를 떠올릴 가능성을 높여준다.

따라서 단기적인 노력이나 연습에 의해 곧바로 아이디어를 떠올릴 수 있는 머리가 되는 것은 아니다. 오랜 시간을 들여 조금씩 자신을 변화해가는 수밖에 없다. 지금부터 그것을 목표로 늘 의식적으로 '추상적으로 생각하자'고 스스로 마음을 다잡을 수밖에 없다. 정말이지 성가신 일이다. 그러나 꾸준히 그 같은 노력을 하면 차츰 머리가 추상적 사고에 익숙해진다. 인간에게는 '익숙해지는' 성질이 있기 때문인데, 그렇게 생각의 보폭을 키워간다.

어떤 관련성이 있는 것을 생각하여 문제를 해결하는 방식과는 반대의 방향성을 가지지만 불현듯 떠올린 발상을 앞으로 어떤 다른 데 응용할 수는 없을지 그때그때 생각하는 버릇을 가지는 것도 중요하다. 눈앞에 닥친 문제가 아니라도 장차 사용할 것 같다면 머릿속에 저장해둔다. 그런 '준비'하는 습관을 지닌다.

예컨대 정원을 가꿀 때 자신이 애지중지 돌보는 식물을 위해 비료를 준다. 비료를 주면 분명 생육이 좋아진다. 물론 이때 너무 많은 양의 비료를 주면 안 되지만, 적절한 양의 비료를 적절한 시점에 주면 큰 효과를 얻을 수 있다. 그 '적절한 때'라는 것은 그 식물이 생장하는 때다. 결국 식물이 쉬고 있을 때나 기력이 없을 때 비료를 줘도 별 효과가 없다는 것을 관찰할 수 있다. 이 같은 경험을 했을 때 이 같은 경향이 식물 재배뿐 아니라 다른 데서도 보이는지를 생각한다. 예컨대 업무적인 상황에서는 어떨까? 업무 성과가 오르고 있을 때 자극제를 투입하면 효과가 있지만, 업무 실적이 하향곡선을 그리고 있을 때에는 자극제를 투입해도 소용없다는 것을 충분히 상상할 수 있다.

따라서 장차 업무적으로 호실적일 때 이 교훈을 떠올리고 정말로 상상한 대로인지 아닌지를 확인해본다. 한편 업무 실적의 악화로 어려움을 겪을 때에 '새로운 아이디어를 생각하라'는 말이 얼마나 이치에 맞지 않는지도 어렴풋이 예감할 수 있다. 새로운 아이디어는 보다 이른 시점에, 업무 실적이 상승 가도를 달리고 있을 때 나왔어야 했다. 바삐 돈을 벌고 있을 때 서둘러 이후의 대책을 마련한 비즈니스가 살아남는 것이다.

생각의 보폭을 키워 추상적으로 생각하는 사람은 어떤 일을 해도—비록 그것이 재미없는 일일지라도—거기서 자신의 인생에 도움이 되는 어떤 '발견'을 한다. 그런 새로운 발견이 있기에, 또 도움이 되는 것을 얻기에 다시금 발견하게 되는 것이라고도 생각할 수 있다.

때때로 사업적으로는 큰 성공을 이뤘지만 개인적인 생활에서는 놀기만 하는 사람이 있다. 단적으로 말해, 그만큼 일에 열정적으로 보이지는 않는다. 그런 사람은 두고 '노는 것으로 일에 대한 활력을 얻는다'거나 '놀 때 일의 새로운 아이디어를 떠올린다'라고 말하기도 한다. 이것은 추상적인 사고가 가능한 머리를 가지고 있기에 자신의 발상을 다른 분야에서 살려 성공한다는 의미다.

:

구체적인 정보가 너무 많다

현대사회는 방대한 양의 정보가 쏟아져 나와 사람들은 거기에 파묻혀 살아가고 있다. 넓은 범위의 구체적 정보에 누구나 언제든 손쉽게 접속할 수 있다. 궁금할 때 즉각적으로 지적 호기심을 채울 수 있다. 단지, 궁금하지 않은 것까지 본의 아니게 알게 되는 사태에 있다. 또한 대체 무엇이 진짜이고 무엇이 가짜인지 알 수 없다. 그것은 이들 정보가 어디의 누군가가 '전하고자' 하는 것으로 그 발신자의 주관적인 의견이나 바람이 반드시 섞여 있기 때문이다. 탁하지 않은 투명한 정보를 얻는 건 현재가 과거보다 훨씬 어려워졌다.

따라서 '안다'고 하는 행위만으로는 객관적인 시점에 좀처럼 다가가지 못한다. 하물며 아무래도 좋은 사소한 지식에 많은 사람이 사로잡혀 있다. 이것은 신변의 구체적인 정보가 더 가치 있다고 믿고 있기 때문이다. 사실 그것들은 중요한 정보인 양 위장되어 '구체적인 정보를 모르면 손해를 본다'며 두려워하는 사람들에 빌붙는다.

자신이 얻은 정보를 다른 것과 대조해보고 이치에 맞게 논리적으로 생각하여 왜 이런 정보가 널리 퍼지고 있는지에 대

60

하여 면밀히 생각하는 사람은 적다. 그만큼 우리가 여유롭지 못한 것일지도 모른다. 그러나 조금만 생각해보면 '그럴듯하게 들린다'거나 '어쩌면 거짓일지 모른다'고 의심할 수 있다. 그리고 그 정보의 이면에 감춰져 있는 어떤 동기나 상호관계를 유추해낼 수 있다. 물론 진실은 모른다. 하지만 자기 나름대로 해석해봄으로써 생각의 보폭은 키워지고 세상을 바라보는 시점도 성장시킬 수 있다. 자기 나름의 시점을 갖게 되면 객관성이나 추상성도 저절로 키워진다.

이미 보이는 것만 보고 있다

여기까지 읽으면서 간혹 고개를 갸웃거리는 사람도 있었을 것이다. 어떻게 하면 생각의 보폭을 키울 수 있는가? 객관적이고 추상적인 생각을 할 수 있는가? 이에 대한 이야기를 듣고자 하는데 어째서 '시점'이니 하는 것들을 말하는가?라고. 사실 '시점'이라고 표현하는 게 더 가깝게 느껴지기 때문이다.

객관적 사고, 추상적 사고는 결국 객관적 시점, 추상적 시점에서 비롯된다. '어떻게 바라볼 것인가' 하는 시각적인 측면이 아니라 머릿속에서 '어떻게 생각할지'에 대한 것이기에 '사고법'의 한 부분으로, 좀 다른 부분을 상상하고 숨어 있어 곁에서 보이지 않는 부분을 상상한다는 측면에서는 시점을 바꾸는 것과 비슷하다.

현실에서 보는 대부분의 것들은 타인에 의해 그럴듯하게 가공돼 있어서 그대로 받아들이면 결과로서 자신의 생각과는 다른 데로 흘러가 소용돌이에 휘말리게 된다. 달리 말하면, 자신도 모르는 사이에 타인의 '지배'를 받게 된다.

예컨대 패션에는 유행이라는 게 있다. 올해는 무슨 색이 유행한다는 정보가 널리 유통된다. 어째서 그런 정보가 있는 것일까? 그것은 모두 같은 것을 사는 게 생산자로서는 수익이 높기 때문이다. 또 판매자도 어떻게 팔면 좋을지를 고민하지 않아도 된다는 편의성이 있기 때문이다. 이런 까닭에서 유행을 모르는 사람은 '시대에 뒤처지는' 사람으로 마치 큰 잘못이라도 저지르고 있는 양 날조된다.

냉정히 생각해보자

얼마 전 원자력발전소에서 방사능 누출 사고가 있었던 탓에 원자력발전에 반대하는 목소리가 커졌다. 사고가 있고서 비로소 위험성을 알게 된 사람이 많아진 이유도 있지만, 이 같은 경험을 추상화하여 '사고가 일어나기 전부터 무슨 일이든 걱정하는 게 낫다'는 식으로 생각이 전개되었기 때문이기도 하다. 그렇지 않다면 이번 사고에서 얻은 교훈을 살릴 수 없다. 그렇다면 왜 지금 태양광 발전이나 풍력 발전 같은 새로운 기술은 위험하지 않은지, 걱정할 필요는 없는지를 의심하지 않는가?

활단층 위에 원자력발전소가 있다면 분명 위험하다. 그렇다면 활단층 위를 신칸센이 달리는 것은 왜 걱정하지 않는가? 큰 지진이 일어났을 때 원자력발전소에서 사고가 일어날지도 모르지만 사실 거기서 사망자가 발생할 확률은 낮다. 현장에 있는 것은 원자력발전소에서 일하는 직원이지만 이들도 주변 주민들도 대피할 시간적인 여유는 있지 않을까(이번 사고에서도 그랬다)? 한편 활단층 위를 달리는 신칸센에 타고 있다면 몇백 명, 몇천 명에 이르는 승객이 목숨을 잃을 가능성은 높다. 그런데 왜 그 같은 생각은 아무도 하지 않는 것일까?

오해가 없기를 바란다. 여기서 나는 원자력발전에 반대하고 또 신칸센을 즉시 없애라고 말하고 있는 게 아니다. 단지 적어도 찬성이든 반대이든 소리 높여 주장한다면 그 같은 지적에 대하여 철저히 답하는, 적어도 조사하는 정도의 자세가 필요하다고 말하고 싶은 것이다. 어떤 주장을 하기에 앞서 자기 나름으로 확인해야 한다는 것이다.

"왜 원자력발전소는 즉시 폐지하고 철도는 폐지하지 않아도 되는가?"라는 의문을 제기하는 것만으로 어떤 사람들은 '후쿠시마 사람들의 기분이 어떨지 생각이나 해봤는가?'라고 화를 낸다. 나는 그저 의문을 느끼고 그것에 대한 답을 듣고 싶었을 뿐이다. 구체적으로 조사하여 어느 나라의 어느 원자력발전소에 관하여 물은 것도 아니다. 그저 추상적이고 본질적인 의견을 듣고 싶었을 뿐이다.

"나쁘기에 안 된다. 우리 아이들을 위해 결코 이런 걸 허락할 수 없다. 반대하지 않는 사람이 틀렸다. 그런 사람들의 의견을 들어서는 안 된다"고 말하고 있는 것 같다. 이쯤 되면 인종차별이다.

조금 추상적으로 생각해보자. 원자력발전은 원자폭탄처럼 무기로 사람들에게 유해를 가하기 위해 만들어진 존재가 아니다. 그 정도는 인정해도 좋지 않을까? 사회의 많은 사람들이 유용하게 사용할 전기를 생산하기 위해 만들어진 장치다. 따라서 '지금 당장 원자력발전소를 없애라'고 주장할 것이라면 그만큼의 전기를 무엇으로 대체할지 그 방법도 함께 제시해야 한다. 또한 그들은 원자력발전을 대신할 어떤 발전법이 안전한지를 분명히 확인해야 한다. 천연가스나 석탄을 태우는 화력발전은 불과 얼마 전까지 '지구 온난화의 주범으로 지구환경을 파괴하는 악의 근원'으로서 흠씬 두들겨 맞지 않았던가. 그 부분에 있어 나는 그들의 생각을 듣고 싶다.

다시 말하지만 나는 원자력발전에 찬성하는 게 아니다. 활단층 위를 고속으로 달리는 신칸센에 몸을 실을 때는 어느 정도 각오를 한다. 이처럼 원자력발전도 우리는 모두 만일의 사태를 각오하는 게 아닐까.

⋮

자유로이 생각하는 것이 진짜 풍요

영토문제에 대해서도 나는 몇몇 사람에게 '그딴 섬 그냥 줘 버려도 되지 않아?'라고 밝힌 적이 있다. 하지만 이 같은 의견을 언론매체는 결코 세상에 알리지 않는다. 왜냐하면? 자국민이라면 절대 해서는 안 되는 말이기 때문이다.

러시아 학자로 북방의 영토를 두고 일본의 땅이라고 주장하는 사람이 있다. 이 사실을 처음 알았을 때 '아, 역시 러시아는 선진국이구나!' 하고 탄복했다. 성숙한 사회라면 다양한 의견이 나오고 그것을 당당히 공개할 수 있다. 냉정한 태도로 시비조가 되지 않고도 토론할 수 있다. 그러지 못하는 우리는 여전히 '후진국'이라고밖에 생각할 수 없다. 언론매체는 조금 신중하게 생각하고 현명하게 행동해야 한다. '일본 고유의 영토인 ○○'라는 식으로 말하는 게 아니라 '양국이 서로 자신의 영토라고 주장하는 ○○'라고 말해야 한다. 그것이 객관적으로 보도하는 자세가 아닐까?

물론 나는 일본인이라서 '그 섬이 일본의 영토이면 좋겠다'고 생각한다. 그러나 그 같은 희망으로 말해서는 안 된다. 단순히 '바람'을 '의견'으로 말하지 않도록 주의를 기울여야 한다.

어떤 역사적 경위가 있다고 해도 그것이 진실인지 아닌지는 알 수 없다. 기록이 진짜일 수도 있지만 거짓일 수도 있기 때문이다. 비록 진짜일지라도 어떻게 해석할지에 따라 의견은 달라진다. 일례로, 일본은 제2차 세계대전의 패전국이다. '무조건' 항복했다. 무조건이라고 말했으니 당연히 어떤 요구든 받아들여야 한다고 상대는 생각할지 모른다. 그렇지 않다! 조약을 체결할 때 이미 이 문제는 해결됐다…… 또다시 깊은 늪에 빠진다.

'아무래도 상관없지 않은가?'라는 의견도 있을 것이고, '그게 그렇게 중요한가?'라고 묻는 사람도 있을 것이다. 각자 꽤 진지하게 생각하고 말한 의견이지만 그것을 입 밖으로 말할 수 없는 기류가 있다. 나는 그 기류가 가장 큰 문제라고 생각한다.

앞에서도 말했듯 나는 영토문제에 대하여 자세히는 알지 못한다. 그 때문에 나는 분명한 의견을 갖고 있지 않다. 분명한 의견을 갖고 싶지도 않다. 내게는 더 관심 가는 일들이 많아 영토문제까지 알아볼 겨를이 없다. 사회에는 제각기 다른 분야의 전문가가 있어 각자 자신의 일을 분담해 맡고 있다. 무슨 일이든 다수결로 정한다는 건 생각해볼 문제로, 각각의 전문가가 생각하는 게 오류를 없앨 수 있다. 원자력발전에 반대하는 사람이 많기 때문에 원자력발전은 폐지해야 한다는 수 논리는 성립되지 않는다. 그런 게 성립된다면 세금은 싼 게 좋고, 영토는 인구가 많은 국가의 것이 될 것이다.

다수의 '감정'을 선동하여 목소리를 높이면 사회는 움직인다는 식의 사고는 민주적이지 않다. 오히려 파시즘에 가까운 위험한 것이다. 전쟁도 국민 대다수의 목소리로 시작된다. '국민의 목소리를 들어라'고 하지만 그 국민의 목소리가 언제나 옳은 건 아니라는 사실을 역사에서 배웠을 것이다.

거기서 볼 수 있는 것은 수많은 사람이 냉정히 객관적으로 보지 않고 또 추상적으로 인식하지 않은 채 그저 눈앞에 있는 '말'에 선동되어 핏발을 세우고 감정적이 되어 소리 높여 부르짖는 모습으로 그 영향력은 메아리처럼 널리 퍼져나간다. 한 가지 분명히 말할 수 있는 것은 '큰 목소리가 반드시 옳은 것은 아니'라는 사실이다.

가능한 한 많은 사람이 좀 더 생각의 보폭을 키워 생각하고 자신의 의견을 가지는 것, 각자 다른 의견을 말하고 그 속에서 중화작용으로서 서로의 의견을 나누는 게 지금 가장 중요하다. 잘못된 방향으로 사회가 흘러가지 않도록, 그것이 결과적으로 풍요롭고 평화로운 사회로 나아가는 유일한 길이 아닐까.

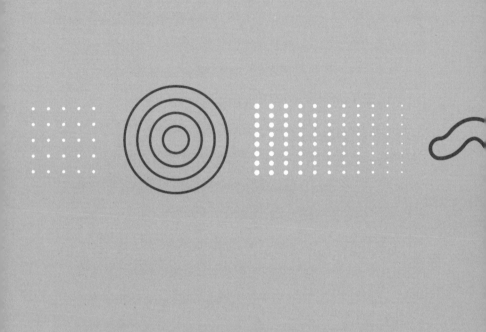

제2장

생각의 보폭으로 보는
인간관계

즐겁게 지내고 싶은 마음

세상 사람들이 고민하는 그 대부분은 인간관계다. 자신과 타자 사이에서 일어나는 문제들의 총칭이다. 자신은 주위 사람들에게 어떤 사람으로 보이고 있을까? 혹은, 왜 자신은 오해를 받는 것일까? 많은 사람이 이러한 문제들로 고민한다. 여하튼 우리 모두는 '조금이라도 언짢은 생각은 하지 않고 살고 싶다'는 소원을 가지고 있다. 아마 이것도 사회생활을 하는 대다수 사람들에 공통하는 심리일 것이다.

'돈 따윈 없어도 된다. 그저 마음껏 자유로이 살고 싶다'고 말하는 사람도 있지만, 돈벌이에 얽매여 있는 사람은 마음이 가는 대로 행동하기 위해서는 돈이 필요하다고 생각하거나 그런 마음이 가는 대로 행동하는 것 자체에 돈이 든다고 생각한다. 그러나 어느 쪽이든 그 밑바닥에는 자유로이 살고 싶은 마음이 있다. 추상적으로 보면 이 둘은 같다. 자유롭다는 것은 결국 기분 좋은 상태로 '즐거운 생각만 하며 지내고 싶다'는 소망과 거의 일치한다.

그러나 여러 현실적인 일들을 경험하며 살아가는 동안에 즐거움이라는 것은 어느 정도의 고생 끝에 오는 것임을 알게 된다. 바로 여기서 인간이 얼마나 복잡한 존재인지를 보여준다. 이를테면, 패배보다는 승리가 즐겁지만, 그렇다면 역경 없이 손쉽게 어떻게 이길 수 있을지, 그러기 위해 각고의 노력을 기울여 이기는 것 중 어느 쪽이 좋은지 묻는다면 대다수 사람은 후자를 선택할 것이다.

이런 경험을 여러 차례 겪으면 마치 법칙인 양 받아들이게 된다. 결국 추상적으로 '즐거움이라는 것은 노력 끝에 온다.'고 느끼는 것이다. 그러는 동안에 노력 끝에 스스로 쟁취할 미래를 바라보고 어려움을 겪는 중에도 즐거움을 느낀다. 이것은 분명 상상력이 보여주는 환상이지만 인간이라는 존재는 환상에 의해 활력을 얻는다.

인간관계라는 문제

대개의 인간관계는 달리 '타자와의 협력관계'라는 말로도 바꿀 수 있다. 서로 얻을 게 있어서 교환하거나 나눈다. 일도 취미도 이웃과의 교류도 친구, 연인 또는 가족도 '추상'하면 대개 같다. 달리 말하면, 협력관계가 아닌 건 이미 인간관계가 아니다. 어긋나서 멀어지면 그 관계는 끝이다. 어느 한 쪽에 멀어질 수 없는 이유가 있기에 관계라는 것이 가능하다.

인간관계에서도 '즐거움'을 맛보기 위해서는 어느 정도의 어려움이 필요하다. 인내하고 비로소 얻을 수 있는 관계다. 얻을 수 있다는 걸 알기에 참을 수 있고, 참으면 생각했던 것보다 멋진 것을 얻기도 한다. 게다가 무엇을 얻을지 또는 무엇을 잃을지 생각하지 않고 오로지 참는 것만으로도 충분히 만족할 만한 심경에 이르기도 한다.

여기서 간단히 '참는다'고 해도 거기에는 역시 최소한의 '이해'가 필요하다. '아아, 이 사람은 틀림없이 이런 식으로 생각하고 이렇게 행동하겠구나. 이 정도는 어쩔 수 없는 건가'라는 식으로 스스로 이해하기에 그 사람을 용납할 수 있다. '왜 이런 바보 같은 짓을 했어?'라고 화내는 사람이 많은데 그것은 '어째서 그런 행동을 했는지'를 이해할 수 없기에 화가 나는 것이다. 적어도 이해할 수 있었다면 '그런 이유라면 무리도 아니지'라고 상대의 입장이 되어서 생각할 수 있고 '그렇다면 이런 건 어떠한가'라는 식으로 대책을 마련할 수도 있다. 아니면, '조금 더 기다리면 좋아질지도 모른다'며 잠시 시간을 갖고 대응할 수 있다. 냉정함에 필요한 것은 이런 '이해'다.

타인을 이해한다는 것은 그 사람과 대화를 나눔으로써 가능한 일이지만 대화를 나눠도 상대를 이해하지 못할 때도 있고, 대화가 없어도 상상 때문에 이해할 수도 있다.

대다수 사람은 자신이 어떤 감정을 가졌는지를 명확하게 인식하고(자각하고) 있지 않아서 대화를 통해 본인이 자신의 입으로 직접 말해도 실제로 그 사람의 기분이 진짜 어떠한지는 간단히 알 수 없다. 정작 본인도 자신이 어떤 기분인지 알지 못하기에 적절히 표현할 방법이 없는 것이다.

그보다 그 사람의 행동, 과거 이력에 근거하여 가설을 세우고 '틀림없이 이렇게 생각할 것'이라는 상상을 통하여 상대를 이해하는 경우가 많다. 그것을 두고 '상대를 멋대로 이해하다니 터무니없다'고 말할지 모르지만, 그 말처럼 멋대로 '그럴 것'이라고 믿는다. 지적한 대로 완전한 오해일지도 모르지만, '호의적으로 생각하자'는 식의 선택도 할 수 있다. 비록 그것이 오해였다고 해도 자신이 이해할 수 있다면 그것으로 충분하다.

타자를 관찰한다

이처럼 사람이 어떻게 생각하고 행동하는지를 인식하는 것도 일종의 추상적 사고라고 할 수 있다. 자신의 행동과 어떤 관계인지를 염두에 두면 다소 구체적이라도 객관적인 사고를 할 수 있다. 그러는 가운데 구체적인 말과 행동에 일일이 얽매이지 않고 대범하게 '전체적'인 경향을 이미지 하면, 그 사람은 대략 어떤 식으로 생각하고 어떤 식으로 행동하는 '인간형'인지를 알 수 있다.

여기서 말하는 '전체적'이라는 말은 그 사람만을 한정하여 생각하는 것이 아니라, 비슷한 사람과 비교하고 180도 다른 사람과의 차이에 주목하는 것이다. 혹은 비슷한 사람일지라도 과거의 달랐던 말과 행동을 되짚어보고 생각하는 식으로 확산시켜 어렴풋하게 연관 지어 머릿속에 그린다는 의미다.

또한 여기서 말하는 '인간형'이라는 것은 소위 타입이라는 의미로 심리학에서 말하는 전형적인 인간형은 아니다. 그러니 자기 멋대로 '○○형'이라고 이름 붙여도 상관없다. 그 사람의 이름이 '무라다'라면 '무라다 형型'이 된다. 그 밖에도 무라다 형으로 분류할 수 있는 사람은 없는지를 찾아봐도 좋고, 무라다 씨의 어떤 말과 행동이 무라다 형의 대표적인 특징인지를 알 수도 있다. 하지만 거기에 지나치게 얽매이지 않는 것이 좋다.

결국 대략적으로 '무라다 씨 같은 사람'이라는 식으로, 제1장에서 말했듯 '~와 같은'이라는 말을 붙이는 것만으로 얼마든지 추상화할 수 있다.

당연하지만 여기서 주의할 점은 '인간형'은 어디까지나 타입으로, 추상적으로 생각한다는 것은 구체적이고 사소한 사항들을 버리는 것임을 잊어서는 안 된다는 것이다. 하지만 이것은 어디까지나 자신이 이해하려는 방법이다. 다른 사람에게 이러쿵저러쿵 이야기해봤자 오해를 불러올 따름이다. 따라서 '저 사람은 이런 타입이라서 분명 이렇게 생각할 거야'

라고 주위 사람들에게 떠벌리지 않는 게 좋다. 오히려 주변 사람들에게 자신이 '인간을 자기 나름의 분류로 나눠 생각하는 유형'으로 보일 것이다.

일단 인간이라는 존재는 단순하지 않다. 그 사람의 말과 행동은 경우에 따라서 그때그때 달라지고 늘 같은 식으로 생각하지 않으며 동일한 유형의 행태를 오래도록 이어가지 않는다. 이리저리 흔들리는 게 보통이다. 덧붙여 말하면, 깊이 생각하는 사람일수록 좀처럼 속내를 알 수 없다. 세상에 어떻게 보일지를 생각하고 행동하기에 말과 행동으로 유추해낼 수 있는 것은 어디까지나 연출된 사교적인 행동뿐이다. 그런 사람은 경우에 따라서는 180도 다른 유형의 모습을 보이기도 하여 마치 다중인격자처럼도 보인다. 하지만 그것은 그 사람을 보고 있는 이쪽의 시점이 한 부분만을 보기에 일어나는 것이다.

여기서 중요한 것은 단정하지 않는 것이다. 이 말의 의미는 '유형'을 결정하고 그 나머지 것에 대하여 더 이상 생각해서는 안 된다는 의미다. 추상적으로 그저 어렴풋이 상대를 인식하면서도 단정하지 않고 한정하지 않는 기본적인 자세를 잊어서는 안 된다.

단정해서는 안 된다

그런데 '타자가 어떻게 생각하는가?'를 조금도 생각하지 않는 사람도 있다. 조금도 생각하지 않는다는 건 적어도 인간으로서는 능력 부족이다. 그들은 그저 '나를 이렇게 봐주면 좋겠다'고 바랄 뿐, 더 이상은 생각하지 않는다. 생각하고 싶지 않은 것이다.

객관적이고 추상적으로 생각하지 못하는 사람은, 결국 그렇게까지 생각하고 싶지 않은 것이다. 어쩌면 감정적으로 '그런 식으로 생각하는 건 싫다'는 마음을 가지고 있는 것일지 모른다. '타인을 상대로 이러니저러니 생각하는 것은 좋지 않다. 그런 행동은 경박하다'고 생각하는 것인지도 모른다.

그래서 이 자리를 빌려 분명히 말하고 싶다. 무슨 생각을 해도 안 될 것은 없다고. 생각은 자유다. 단, 생각한 것을 그대로 아웃풋 하면 어떤 문제가 일어날 수 있다. 그 점만큼은 주의해야 한다. 타인이 어떤 사람인지 분석하는 것은 중요하지만 그 분석 결과를 그대로 입 밖으로 말하지 않는 게 좋다. 자신의 분석에 근거하여 행동할 때도 그것이 어디까지나 '가설'이라는 것을 잊어서는 안 된다.

만일 다른 사람에게 말하고 싶다면 익명으로, 하물며 추상적으로 말해야 한다. 어느 개인에 대하여 말할 때는 그 사람을 얕잡아보지 않도록 세심하게 주의를 기울여 말할 필요가 있다. 자신이 가공의 유형으로 어렴풋이 인식하고 있더라도 당신의 이야기를 들은 상대는 당신을 사람들을 유형으로 단정 짓는 사람으로밖에 보지 않는다.

본디 유형은 추상적으로, 구체적인 상세한 사항들을 잘라낸 '본질적인 경향'을 나타낸다. 따라서 반드시 항상 절대적으로 그렇다는 건 아니다. 그리 손쉽게 단순화시킬 수 있는 건 아니다. 하지만 누구든지 상상은 할 수 있다. 자주 화내는 사람이라도 웃을 때가 있다. 어떤 것이든 예외는 있고, 또 어느 때에 돌연 그 유형에서 탈피한 듯 변화가 찾아올지 모른다.

추상적으로 생각한다는 건 흐릿한 이미지나 경향으로서의 유형을 추출하여 그것을 응용하는 것인데 그 유형을 언어화했을 때에 구체적이기 쉽고, 융통성 없는 고지식한 태도로 '늘 그렇다'고 단정해버리면 본디 가지고 있는 '흐릿한 추상성'을 잃고 만다. 이 덫을 늘 주의해야 한다.

추상적 사고의 첫걸음을 내딛는 단계에서는 자신도 모르는 사이에 그런 '확신'에 빠지기 쉽다.

상대의 입장에서 생각한다

타자가 어떻게 생각하는지를 '상상하는' 걸 두고 우리는 '상대의 입장이 되어 생각한다'고 말한다. 자기 입맛에 맞게 주장하는 건 사실 어렵지 않다. 하지만 그 주장을 들은 상대가 어떻게 느낄지를 예측하는 것은 어떤 '배려'로, 뒤집어 생각하면 상대의 반응을 내다보고 더 나은 유효한 표현을 선택하는 전술을 취함으로써 자신에게 더욱 유리하다.

상대의 입장이 되어 생각할 때에 기준이 되는 것은, 만일 그것이 자신의 일이었다면 어떻게 느끼고 생각하며 대응할 것인가가 될 것이다. 상대가 어떤 인간인지 모를 때에는 일단 상대의 입장이 되어서 생각하는 수밖에 없다. 즉, 상대가 어떤 경향을 가진 유형인지를 추정할 때 언제나 '자신'이 기준이 된다.

따라서 타인을 관찰하기 이전에 자신이 어떠한지를 관찰하는 걸 우선해야 한다. 타인이 어떤 식으로 생각하는지를 분석하고 그 반응을 예측하기 위해서 자신이 어떤 과정을 거쳐서 생각하고 반응하는 경향을 가졌는지를 참고한다.

어떻게 느끼는가? 그런 감각적인 건 누구든 '자신'이 체험하는 수밖에 없다. 요컨대 인간은 '자신'밖에 경험하지 못한다. 말과 행동으로 표현되어 관찰할 수 있는 감정은 극히 일부로, 느낀 것 대부분은 오직 자신만이 알 수 있다. 하물며 느끼는 것처럼 생각도 자신만이 체험할 수 있다. 어떤 사람이 생각하고 있을 때 타인은 그 사람의 머릿속이 어떠한지를 들여다

볼 수 없다. 따라서 타자가 어떤 식으로 생각하는지를 '상상' 하기 위해서는 자신이 어떻게 생각하는지를 관찰할 필요가 있다.

이것을 '시점'이라고 말할 수 있는데, 객관적인 시점을 가지기 위해서는 우선 주관적인 자신의 시점이 어떠한지를 파악하는 게 선행되어야 한다. 대상을 추상적으로 파악하기 위해서는 어떤 구체성을 배제할 것인지를 알아야만 한다. 여하튼 그것에 얽매이지 않도록 생각의 보폭을 옭아매고 있는 것을 혹은 구속되어 있는 상황을 철저히 꿰뚫어 봐야 한다.

타자를 추상화할 때는 그 인물이 가진 경향을 어떻게 해석할지가 문제다. 그 경우에 '자신이라면 이렇게 생각할 테지만 어쩌면 저 사람은 그렇지 않을 것 같은' 상황에서 맨 먼저 자신과 다른 점을 특징으로서 관찰할 수 있다. 어째서 그 사람이 자신과 다른 생각을 가지는 것일까? 그것은 전제하는 것이 다르기 때문일 테지만, 그렇다면 왜 전제가 다른지, 어디서 차이가 생겼는지를 차례로 생각한다.

현실의 인간은 복잡하다

지금껏 여러 차례 반복하여 말했지만, 인간은 한 가지 '유형'으로 간단히 나타낼 만큼 결코 단순하지 않다. 추상화된 모델이라는 건 그 인물의 한쪽 면을 대표하는 데 지나지 않는다. 그 이외의 측면도 반드시 존재한다. 또한 단순한 '유형'이 될 수록 적용 범위가 넓어지고, 동시에 여러 개의 단순한 '유형'을 조합시켜 현실에 가깝게 접근할 수 있다.

어느 사람이 A유형과 B유형을 함께 가지고 있는 일은 지극히 자연스러운 일이다. 어떤 경우에 A유형이 표출되고 어떻게 하면 B유형이 되는지를 분석할 수도 있다.

인간은 여러 개의 '유형'을 크든 작든 가지고 있고 그 비율이나 우선도가 다를 뿐이라는 생각에 다다르게 될지도 모른다. 그렇게 되면, 본디 개인을 표현하는 유형은 인간 대다수에게서 볼 수 있는 경향이기도 하다. 추상적이고 단순하게 생각하면 그런 구성 분자를 수없이 발견할 수 있다. 유전자처럼 그 구성 분자들의 조합으로 인간은 다채로워질 수 있다고 생각하면 흥미롭다.

단순한 부분을 조합하여 어떤 복잡한 것을 만들 수도 있다. 부분이 추상적이고 단순하다면 그런 게 가능하다. 레고의 블록처럼 부분이 단조로울수록 범용성이 높아진다. 구체적이지 않기에 온갖 것에 사용할 수 있다.

속이 깊은 사람, 생각이 얕은 사람

자, 어떤 사람을 관찰하고 거기서 몇 가지의 추상적인 '유형'을 이미지 했다고 가정해보자. 대략 '이 사람은 이러하다'고 꿰뚫어 봐도 때때로 그 인물이 그 유형에서 벗어난 말과 행동을 보이기도 한다. 이러할 때에 '아아, 이 사람은 이해할 수 없는 부분이 있다'고 느끼고 결국에는 모델화할 수 없는 현실의 인간이 '얼마나 깊은지'를 깨닫게 된다.

이처럼 모델화할 수 없는 것도 인간의 '깊이'로서 추상할 수 있다.

한편 간단히 모델화할 수 있는 인물은 '얕아' 보인다. 그것은 결국 어떤 식으로 행동하는지, 어떻게 생각하는지를 읽는 것이다. 어떤 의미에서 단순하기에 다루기 쉽지만 인간으로서의 깊이가 없으면 인간관계에서 다소 부족함을 느낄지도 모른다.

구체적인 사고밖에 하지 못하는 사람은 첫인상이 나쁘면 싫어지고 좋으면 좋아진다. 그래도 언제인가는 역시나 싫어진다. 얕은지도 깊은지도 모른다. 싫어지면 관계는 곧 멀어지기에 좋아지는 일은 좀처럼 없다. 이런 게 감정적인 판단이라고 할 수 있다. 명확히 한쪽 측면만을 보고 있기에 진짜 가치를 간과하기 쉽다.

여기서 중요한 사실은 인간을 추상적으로 인식하지 않으면 그 인간의 깊이를 볼 수 없다는 점이다. 인간의 사고에 대해서도 그러하다. 그것은 인간의 사고라는 건 언어로밖에 전할 수 없기 때문인데, 일단 상대의 말을 들었을 때 '오호, 꽤 깊다'고 감탄한다. '깊이'라는 건 지금껏 자신이 모델화한 유형에 간단히는 적용되지 않는 미지의 것이 존재한다는 의미로, 좀 더 자세히 말하면 '그 방면으로 추상화하는 걸 간과했다'는 말이기도 하다.

사람을 추상적으로 보는 사람은 '좋다' 혹은 '싫다'는 감정적인 기준으로 사람을 판단하지 않는다. '이 사람에게서 어떤 것을 얻을까?'라고 끊임없이 흥미를 느낀다. 감정적인 기준으로 판단하지 않기에 사려가 깊어진다. 그러나 생각이 얕은 사람에게는 그런 모습을 찾아볼 수 없다.

타자에게서 발상을 줍다

흥미로운 아이디어를 듣고서 '과연 그렇구나. 미처 생각하지 못했다'며 감탄하기도 한다. 이것은 '생각은 했지만 채용하지 않았'던 게 아니다. 생각도 하지 않았던 것이기에 그쪽으로는 눈길도 주지 않았던, 발상조차 해보지 않았다는 의미다. 그렇다면 왜 '과연 그렇구나!'하고 감탄하는 것일까?

자신이 미처 생각해보지 못한 것이라도 한순간 그것이 타당하고 매력적이고 쓸 만한 것이라고 판단할 수 있는 어떤 추상적인 '유형'을 가졌다는 증거이다. '쇠 지렛대'만을 찾던 사람은 쇠 지렛대가 아닌 것을 보고 '과연 그렇다!'라는 생각을 하지는 않는다. 쇠 지렛대 '같은 것'을 찾고 있는 사람은 스스로 찾지 못해도 타인이 '이것은 어때?'라고 제시하는 것에 '아, 그것!'이라고 알아차린다. 그런 때에 비로소 '과연 그렇구나! 미처 생각하지 못했다!' 하며 감탄하는 것이다.

따라서 발상력이 부족하여 자신의 힘으로 찾아내지 못하는 경우에도 '~와 같은 것'이라는 추상적인 시선으로 다른 사람의 이야기를 듣거나 책을 읽는 등 외부에서 불쑥 들어오는 정보 가운데서 찾던 답을 얻을 수 있다. 구체적인 것에 사로잡혀 있으면 아무리 많은 정보가 인풋되어도 그 가운데 쓸 만한 정보를 놓치고 만다.

그런데 생각의 보폭을 키워 추상적으로 생각하는 사람은 어떤 상대이든 자신에게 이익이 될만한 발상을 줍는다. 그것을 경험적으로 알고 있다. 그러하기에 자연히 다른 사람의 이야기에 귀 기울이게 된다. '이 사람의 이야기를 들어도 도리가 없다'거나 '이 책은 읽어도 아무것도 얻을 게 없다'는 식으로 생각하지 않고, 이제껏 말했듯 '좋다' 혹은 '싫다'라는 감정적인 기준으로 정보를 차단하는 선입견이나 고정관념을 가지지 않는다. 선입견 없이 보고 스스럼없이 받아들일 수 있다면 어떤 것에서든 자신에게 도움이 되는 힌트를 찾을 수 있다는 지극히 단순한 이유 때문이다.

결과적으로 이럴 수 있는 사람은 타자와의 인간관계를 소중히 여기고, 비록 자신의 의견과는 달라도 지극히 자연스럽게 상대를 존중하는 태도를 보이게 된다. 더욱이 이런 사람은 타자로부터 신뢰를 받고 특별히 자신을 내세우지 않아도 저절로 사람들과 친밀해지는 능력을 갖춘다.

구체적인 매뉴얼의 한계

이처럼 생각의 보폭을 키워 객관적이고 추상적으로 대상을 바라볼 수 있는 사람은 인간관계를 형성해가는 데 좀처럼 무리하지 않는다. 그 같은 사고방식에서 스스로도 지나치게 인내하지 않기에 마음이 편하고 자연스러운 태도로 미리 단정하지 않아 주위의 신뢰를 얻기도 한다. 상대를 존중하는 태도는 일상생활 속에서 몸짓이나 말투에 여실히 드러난다. 그것은 주위 사람들에게 스며들고 그 결과로서 친구도 쉽게 사귀고 주위 사람들의 추천으로 리더가 되기도 한다. 이러한 경향도 사람을 관찰함으로써 얻을 수 있는 추상적인 '인간형' 중 하나라고 할 수 있다.

예컨대 고객 접대 매뉴얼을 만들어 점원에게 고객을 접대하는 방법을 교육하면 점원들은 똑같이 미소를 짓고 고개를 숙이고 똑같은 말로 고객을 대한다. 그 점포를 찾는 사람은 거기서 오랫동안 머물지 않고 점원과 친구 관계를 맺으려고 방문하는 건 아니기에 이런 태도는 특별히 문제 될 것이 없다. 단지 '좋은 느낌의 점원'이라는 평가는 처음뿐으로 그 같은 접대를 몇 차례 받으면 단지 교육을 잘 받은 것일 뿐이라고 알아차리게 된다. 매뉴얼이라는 건 어떤 경우에 어떻게 대처할지를 구체적으로 명기한 것이기에 그것에 따르면 사람들은 단조로워진다.

한편 '고객을 소중히 여기라'고 추상적으로 교육했다고 가정해보자. 이것은 한 마디로 끝나지만, 점원들은 구체적으로 어떻게 행동하면 좋은지를 자신의 머리로 생각하지 않으면 안 된다. 따라서 구체적인 매뉴얼에 따를 때보다도 시간이 걸린다는 점에서는 효율성이 나쁘고, 또한 적어도 각자의 능력이 요구된다. 그러나 만일 이 추상적인 지시를 '이해'한 점원은 자신의 의사에 따라서 고객을 접대한다. 그때의 고객 접대의 '질質'이라는 건 고객의 입장에서는 기분 좋다. 또한 점원 자신도 성장해갈 가능성이 크다.

구체적인 지시를 그대로 따르면 상대는 불만을 말하지 않을 테니 자신의 머리로 굳이 생각하지 않고 지시받은 대로 실행하면 된다. 이것은 인간이 아닌 로봇도 할 수 있다. 그러나 지시가 추상적일수록 어떻게 행동하면 그 지시에 맞을지를 생각하고 또 왜 그와 같은 지시를 했는지, 고차원적인 이유나 정신까지도 상상한다. 고객은 정중한 태도로 대하라. 그 이유는 무엇일까? 이렇듯 생각이 깊어진다. 그 정도로 이해하지 않으면 자신이 하는 행동의 의미를 알지 못한다. 거기서 우리는 인간다운 능력을 기대할 수 있다.

인간관계가 원활하기 위해서는 어떻게 해야 할까?

물론 매뉴얼이 이미 있었다고 해도 뛰어난 추상적 사고를 할 수 있는 사람이라면, 그 매뉴얼의 본래 의미를 생각할 것이다. 그러면 조금 다른 방법이 있지 않을까 하는 발상도 가능하다. 매뉴얼은 실수 없이 문제가 일어나지 않도록 설정되어 있지만, 조건에 따라서는 그보다 더 효율적인 방법이 있는 경우도 많다. 때와 장소에 따라서 임기응변으로 대응하는 게 인간답다. 거기에는 매뉴얼에 적힌 대로 따르는 것이 아니라 그 근본이 되는 정신을 추상적으로 읽어야 할 필요가 있다.

매뉴얼과 점원의 사례는 그대로 친구 관계나 직장 내 인간관계로도 전개할 수 있다. 인간관계가 원활하기 위해서는 어떻게 하면 좋을까? 이때 구체적인 방법에 얽매여 있는 사람은 매뉴얼대로 일하는 점원과 다를 바가 없다. 예컨대 세상에서 일반적으로 말하는 '상식'도 매뉴얼의 가장 두드러진 경향이고, 서점에 진열된 노하우 관련 도서에 적힌 '구체적인 방법'도 그러하다.

그런 방법이라는 건 즉각적으로 실행에 옮길 수 있는 것을 말한다. 생각할 필요도 없다. 얼핏 느낌이 좋은 점원처럼 일시적으로는 상대에게 (혹은 자신에게) 좋은 인상을 줄지도 모른다. 예컨대 면접이나 맞선처럼 한정되어진 시간 안에 좋은 인상으로 승부를 내고자 하는 사람에게는 도움이 된다. 그러나 보통 인간관계라는 건 지속될 때 비로소 의미를 가진다. 면접이나 맞선도 잘 되면 그 이후에 오랜 시간을 들여 관계를 형성하기에 그때 허술한 부분을 들키면 본전도 챙기지 못한다. 첫인상이 좋았던 만큼 그 반동은 역시 커서 오히려 손해를 보게되는 결과를 초래할 것이다.

결국 구체적인 방법에 의지하는 사람은 아무래도 '얕아'서 간단히 속내를 간파당한다. 좀 어눌한 사람은 속일지 몰라도 중요한 사람에게는 들키고 만다. 술친구나 때때로 유흥주점에서 즐기는 관계라면 통할지 모른다. 또 그 정도의 것으로 좋다면 문제될 건 없다. 그러나 정말 중요한 관계를 맺고자 하는 '중요한' 사람에게 그 같은 방법은 통용되지 않는다. 실패할 확률이 높다.

이 같은 사실을 좀처럼 이해하지 못하는 사람이 많지 않을까? 젊은 사람들을 볼 기회가 많아서 그런 인상을 받는 것일지도 모른다. 젊은 사람은 아무래도 구체적인 정보에 쉽게 영향을 받는다. 모든 사람이 하는데 자신만이 하지 않으면 왠지 외톨이처럼 뒤처진 듯 느끼기 때문이다. 크리스마스이브에는 연인과 호텔 레스토랑에서 멋진 식사를 해야만 한다. 일요일에는 가족을 데리고 가까운 공원으로 피크닉을 가야만 한다. 자녀의 운동회에서는 동영상 촬영을 마치 사명처럼 생각하는…… 그런 구체적인 '방법'에 얽매여 있다(이들 사례에서 누가 이득을 보는지 생각해보자).

그런 행동을 하지 말라고 말하는 게 아니다. 나쁜 일이라고도 생각하지 않는다. 그러나 그 같은 모습을 보고 있으면 왠지 자연스럽지 못해 억지스럽게 느껴져 어째서 그런 것에 얽매여 있는지, 그 이유는 무엇인지 의문이 생긴다.

구체적인 정보의 실체

정보라는 건 구체적일수록 가치가 있는 것처럼 보인다. 왜냐하면 즉시 사용할 수 있기 때문이다. 예컨대 '큰 뜻을 품어라'라는 추상적인 조언에 굳이 돈을 지불할 사람은 없다. 하지만 '저 식당에서는 정해진 시간 내에 마음껏 먹을 수 있다. 이 요리가 맛있다'는 구체적인 정보라면 자신도 모르는 사이에 현혹되어 그런 정보를 모아놓은 잡지나 책을 구매한다. 정보는 돈 주고 사는 게 아니라고 생각하는 사람도 있어 '정보는 공짜이어야 한다'고 믿는다. 하지만 정보에 사로잡혀 그 식당의 요리를 먹는다면 이것은 이미 공짜가 아니다. 그래서 장사하는 사람은 무료 정보, 즉 광고를 한다. 세상에 널리 확산된 정보의 90% 이상은 이 같은 광고다.

언론매체의 보도도 지금은 그 대부분이 광고다. 내가 어릴 적의 사건·사고를 알리는 기사보다도 그 비율이 높다(대략 두 배가 넘지 않을까). 공정한 보도로 보이는 기사조차도, 언론이 공정하다고 믿고 있는 기사조차도, 결국 누군가의 비즈니스를 돕고 있다. 돈을 버는 본인이 정보를 발신하는 장본인인 경우가 대부분이다. 현대에 객관적인 정보를 얻기란 매우 어렵다고 볼 수 있다.

어째서 이 같은 일이 되어버린 것일까? 조금만 생각해보면 간단히 그 원리를 알 수 있다. 본디 올바른 정보를 얻기 위해서는 노력이 필요하고 그 나름으로 비용이 든다. 따라서 진실을 알리는 보도가 공짜로 배포된다면 명예욕(눈에 띄고 싶다, 인기 있는 사람이 되고 싶다)이나 희생정신에 의한다. 명예욕에 의한 보도는 결국 발신자의 이익이기에 제외하면 결국 희생정신이라는 소수의 멸종 위기종밖에 남지 않는다. 객관적으로 보면 그렇다. 따라서 무상으로 배포되는 정보의 대부분은 나름의 대가를 얻는 어느 누군가가 유포하고 있다고 볼 수 있다.

과거에는 기자가 발품을 팔아서 뉴스의 기삿거리를 발굴하여 조사한 뒤 기사로 썼다. 하지만 지금은 정보를 알리는 장소로 기자들이 모이고 '정보는 이렇다'며 배포되는 콘텐츠를 곧이곧대로 받아서 뉴스로 내보낼 따름이다. 그러하기에 TV 뉴스나 신문기사를 보고 '어디나 똑같다'고 느끼는 것은 당연하다. 현대의 뉴스 보도가 '왠지 한쪽으로 치우쳐 있는 것 같다'고 느끼는 사람은 세상을 어느 정도는 추상화하고 객관적으로 인식하고 있다. 그런 사람의 눈에 지금의 언론매체의 보도는 매우 '이상하게' 비친다.

구체적인 것에 사로잡힌 현대인

그러나 젊은 사람들은 태어난 순간부터 정보의 소용돌이 한가운데 있다. 옛날에 비하여 지금 젊은 사람들은 주어지는 정보에 강하게 지배당하고 있다. 그렇지 않다면 분위기를 읽지 못하는 사람으로 불리고, 또 다른 사람들과 다르면 따돌림을 당한다. 다소 객관적으로 냉정하게 지적하면, '얕잡아보는 태도'라며 이유도 모른 채 미움을 받는다. 나는 '시시하게 분위기 같은 것은 읽지 마라' '좀 얕잡아보는 시선을 가진들 어떤

가'라고 말하고 싶다.

젊은 사람들은 자신의 가치판단은 뒷전으로 미루고 여하튼 필사적으로 세상의 흐름에 편승하려고 한다. 그 세상의 흐름이라는 게 대단한 건 아니다. 티끌만 한 작고 구체적인 정보다. 무엇이 다이어트에 좋다는 이야기를 들으면 당장 사러 달려가고 새로운 게임이 출시되면 서둘러 달려가 줄을 서고 구매하는 모습이 연일 TV를 통해 보도된다. 인터넷의 '알림'에 젊은 사람들은 마치 최면술에 걸린 듯 우왕좌왕 허둥댄다.

그런 것으로밖에 정상적인 인간관계를 형성할 수 없다고 믿는 것 같다. 나이가 들면 점차 그 우스꽝스러운 면모를 알게 된다. 하지만 비극은 그 사실을 깨달았을 때는 이미 늦다는 것이다. 또 나이를 먹은 뒤에도 여전히 알아차리지 못하고 내내 구체적인 정보에 휩쓸려 살아가는 사람도 적지 않다. 끝까지 모르는 채로 사는 게 행복할지 모른다.

그들의 이야기를 들어보면 알 수 있다. 매우 논리적이고 자세한 정보를 주고받고 있다는 걸. 어느 가게에서 물건을 구매하면 포인트가 쌓인다, 저 가게는 몇 시에 가면 할인된 가격으로 장을 볼 수 있다……, 이 같은 정보를 인생에서 큰 가치를 지니고 있는 양 다룬다. 그런 사람일수록 타인을 상대로 아무래도 좋은 험담을 늘어놓고 누가 누구와 사귀는지, 저 사람이 입은 옷은 싸구려라는 식의 이야기밖에는 하지 않는다. 넓어진 생각의 보폭으로 흐릿하게 보면 구체적인 사소한 정보를 훌쩍 초월해 그저 흘려보내는 방식의 인생이 보인다.

나이를 먹을수록 구체적인 것들에 사로잡힌다

그래도 젊을 때는 책을 읽거나 영화를 보거나 음악 연주를 듣거나 미술관이나 박물관을 찾는 사람이 비교적 많다. 그렇듯 적극적으로 돈과 시간을 들여 노력하는 대신에 자신이 거기서 느낀 것을 진지하게 생각하고 가슴에 담으려고 한다. 꼼꼼히 보고 집중하여 듣는다. 말하기는 좀 미안하지만, 거기에는 투자한 돈이나 시간만큼 본전을 뽑겠다는 심리도 작용할 것이다.

젊은 사람이 이런 것에 흥미를 느끼는 것은 '그저 세상에 휩쓸려 살아서는 자신의 존재감을 느낄 수 없다'는 본능적인 불안감을 가지기 때문이다. 그 예술에 관한 관심도 장차 '어딘가에 써먹을 수 있다'는 예감에서 나온다. 앞으로의 인생에서 더 즐기기를 바라거나 비록 그것이 아니더라도 가급적이면 '아름다운 것과 함께하고 싶다'는 솔직하고 추상적인 욕망을 가지기 때문이다. 정말이지 멋진 일이 아닐 수 없다.

나이를 먹으면 자신과 무관한 것들이 늘어나 단념하게 된다. 그런 것에 돈을 써도 어떤 보탬도 되지 않는다(않았다)며 잘라버린다. 이렇게 욕구는 사소하고 구체적으로 되고 예감이나 소망뿐인 '아름다움'은 무익한 것으로 배제된다. 그리고 마침내 자신의 주변에 있는 손득밖에 생각하지 않는다. 아니, '생각한다'기보다는 이게 이득이라는 식으로 '선택하는' 것에 그친다. 개나 고양이도 할 수 있는 정도의 판단이다.

이런 노인은 결단하지 못하고 고민하는 젊은 사람에게 무심코 '분명히 하라' '더 구체적으로'라고 조언한다. 그러나 젊은 사람의 '분명하지 않은 사고'는 매우 가치 있는 것으로, 그것을 잃은 것은 '노인'이다.

'좀 더 흐릿하게' '좀 더 추상적으로 이야기하라'고 젊은 사람에게 말하는 노인이 되고 싶다.

생각을 말하면 행동이 된다

그런데 '어떤 재미있는 일을 하고 싶다'거나 '요즘 좀 거창한 일을 하고 싶다'고 생각하는 것까지는 문제될 게 없지만, 그것을 다른 사람에게 말할 때는 가급적이면 친분이 있는 소수의 사람에게만 털어놓는 게 현명하다. 왜냐하면 일반적으로 이런 말을 하는 사람은 신뢰받기 어렵기 때문이다. 추상적으로 생각한다는 것은 어디까지나 사고思考로 결국 사고방식이나 세상을 보는 시점이지 결코 행동이 아니다. 생각을 입 밖으로 말한다는 건 이미 행동이다.

행동이라는 건 본디 추상적일 수 없다. 손발을 움직여 잡을 수 있는 것은 구체적인 사물뿐이다. 예컨대 '즐거움'이라는 개념을 손으로 잡을 수는 없다. 그런 사물은 존재하지 않는다. 따라서 즐거운 것을 원할 때도 오직 생각만으로는 행동할 수 없다. 추상적인 생각을 말해도 무의미할 따름이다.

추상적인 생각을 행동으로 옮길 때는 그 생각 혹은 그 일부를 구체적인 것으로, 즉 손이 닿는 범위에 실존하는 것과 관련 지어 생각할 필요가 있다. 그것은 논리적인 계산에 가깝다.

자신의 손이 닿는 범위에 있는, 결국 즐거움으로 이어질 것 같은 것이 존재하는지를 생각한다. 만일 그런 것이 없다면 그 것에 다가가는 방법을 생각하고, 때로는 조사나 준비라는 보조행동으로 모색한다. 이 과정에서 발상이 일을 진전시키기도 하여 이때도 또 추상적인 사고는 필요하다.

유연하고 냉정해질 수 있는 생각법

중요한 사실은 본디 사고가 추상적이라면 '결과를 구체적으로 한정하지 않는다'는 장점이 있다는 것이다. 결국 '즐거운' 일이란 것은 구체적으로 '이것'이라고 정해진 것이 아니기에 그것을 실현시켜가는 과정에서 예상 밖의 것과 만나기도 한다. 그때 유연하게 진로를 변경할 수도 있다.

한편 구체적으로 명확한 목표를 가지면 실현하는 과정에서 적어도 자신을 옭아매어 스트레스가 된다. '내가 하고 싶은 일은 이것이다. 이것 외에는 없다'는 확고한 결심은 물론 훌륭하지만, 그래도 만약 '즐거움'을 추구한다면 억지로 자신을 이렇듯 옭아맬 필요도 없는 게 아닐까? 또한 추구하는 게 '풍요'라면 임기응변으로 방법을 선택하고, 그때그때 가장 이윤이 높을 것을 받아들일 수도 있다. 이것은 비즈니스의 기본자세이기도 하다.

인간관계에서도 구체적인 것에 구애받지 않고 '상대가 왜 필요한지' 그 가장 중요한 이유를 이해하면 대개의 문제는 해결할 수 있다. 사람과의 관계가 틀어지는 건 역시 사소한 말이나 행동, 해석 차이, 어긋난 타이밍 같은 구체적인 것이 계기가 된다. 돌연 기본으로 돌아와 이 사람은 자신에게 필요한지를 생각하는 것만으로 상당히 냉정해질 수 있고 자잘한 문제들은 아무래도 좋은 것이 될지도 모른다.

인간관계도 추상적으로 생각한다

다른 사람을 이해하기 위해서는 상대의 입장이 되어 생각하는 시점이 중요하다는 얘기는 이미 했는데, 이것은 결국 '내가 그 사람이었다면……' 하고 상상하는 것으로 그러기 위해서는 '상대의 입장'이라는 걸 어느 정도는 확인하지 않으면 안 된다. 이것이 보통은 꽤 어렵다. 원래 상대의 입장을 이해한다는 것 자체가 상대의 입장에 있다는 증거로 이미 '만일 나였다면……'이라고 상상하는 상태이기도 하기 때문이다.

인간관계가 친밀해지기 위해서는 이런 이해가 빠져서는 안 되고, 달리 말해 서로가 상대방의 입장이 되지 않는 상태는 외형뿐인 관계로 진정한 의미에서 '친밀'하다고 말할 수 없다. 단순히 무엇인가를 교환할 뿐인 일시적인 관계에 지나지 않는다.

어린아이나 젊은 사람 중에는 '친구를 사귀지 못한다'는 고민을 가진 사람이 많아 내게 조언을 구하기도 한다. 그런 사람에게 나는 묻는다.

"왜 친구를 원하는 거죠?"

그러면 대다수 사람들이 이렇게 답한다.

"친구가 없으면 외로우니까요."

"그런데 왜 외로우면 안 되죠?"

이 물음에 제대로 답하는 사람은 별로 없다. 비쭉거리며 입을 다물어 버린다.

그들은 '외로운 건 좋지 않다'고 생각하기에 '친구가 있으면 외롭지 않다'고 멋대로 믿는다. 어떤 근거도 없이 그렇게 믿는다. 그래서 나는 '외로워도 나쁘지 않다' '친구가 있어도 외로울지 모른다'고 말해준다. 그 말에 도저히 믿을 수 없다며 반발하는 사람도 있는데, 결국 자신의 선입견이 고민의 원인이라는 사실을 깨닫지 못한 상태라고 말할 수 있다. 자, 당신은 어떻게 생각할 것인가?

'친구'를 어떻게 생각할까

본디 '외롭다'는 것은 무엇일까?

아마 친구가 없어서 고민하는 사람은 친구가 없는 상황이 곧 외로운 상태라고 믿고 있을 것이다. '나는 저 사람이 싫어요'라고 말하면 될 것을 '저 사람은 외로운 사람이에요'라는 말로 비난하기도 한다. 그냥 '가엾다'고 말하는 게 좋을 테지만 그러면 얕잡아보는 말처럼 들릴까? '가엾다'고 하든 '외롭다'고 하든 정작 당사자에게는 정말이지 괜한 참견으로밖에 보이지 않는다. 따라서 '외로운 사람'이라는 말은 쓸데없는 참견으로, 의미도 모른 채 사용되고 있다. 어쩌면 정작 그렇게 말하는 본인이 '외로운'게 아닐까?

친구를 자신의 외로움을 해소해줄 존재로 생각한다면 당연히 자신도 친구의 외로움을 해소해줄 능력을 갖추고 있어야 한다. 그렇지 않다면 상대는 자신을 친구로 여기지 않는다. 그저 그런 얘기다. 달리 말하면, 자신은 즐겁게 해주는 사람을 친구로 여긴다는 얘기다.

친구라는 관계도 '오늘부터 우리는 친구'라고 계약을 맺듯이 명백히 판별할 수 있는 것은 아니다. 타인에 대한 주관적인 인식에 지나지 않고 그 범위도 역시 애매모호하다. 냉정해 보일지 모르지만 본질적으로는 이러하다.

여하튼 '친구를 원한다'는 말에 지배당하고 있는 것이다. 그런 사람은 '우리는 친구야' '친구는 좋다'는 말을 자주 입에 담는다. 나는 내 친구와 이야기할 때 '친구'라는 말을 해본 적이 없다. 그런 말로 서로의 관계를 확인하는 게 왠지 어색하다. 따라서 친구라는 의식조차 없기에 '누가 내 친구인지'를 잠시 생각하지 않으면 떠올릴 수 없다. 친구를 소중히 여기자고 생각한 적도 없고, 행동 판단에 있어 친구가 이유였던 적도 없다. 예컨대 'A씨니 이 정도는 참자'거나 'B씨에게는 할 수 있는 만큼 하자'며 개개인에 대하여 생각한 적은 있지만, 그것은 '친구이니까'라는 발상과는 무관하다. '친구라면 이래야 한다'는 구체적인 규정을 가진 사람에게는 분명히 이상하게 보일 것이다.

:

'고민하지 말라'고 말하지 않는다

여기까지 읽고 내가 '친구를 만들지 못한다'는 터무니없는 고민은 하지 말라는 말로 받아들였을지도 모른다.

하지만 그렇지 않다. 그런 의미가 아니다. 친구란 무엇인가? 외로운 건 왜인가? 어째서 나는 고민하는가? 지금 나의 상황은 어떠한가? 이런 여러 가지 문제들을 생각하고 더 고민하는 게 좋다.

자주 터프한 선배나 연장자가 '그런 일로 고민하는 건 손해다. 한껏 몸을 움직여 땀을 흘리라'고 말한다. TV 드라마에서도 흔히 이런 타입의 사람들을 볼 수 있다. 근거 없는 명랑함이 선량하고, 끙끙거리며 고민하는 사람은 어두워 미움 받는다는 선입견에 사로잡혀 있는 것이다. 물론 그런 경향이 전혀 없다고는 할 수 없지만, 그렇게까지 단순히 단정하는 것도 좀 그렇지 않을까?

게다가 '고민하는 건 손해'라는 말을 도저히 이해하기 어렵다. 고민하여 손해를 본 적이 단 한 번도 없기 때문이다. 결국 '시간낭비'라는 것인데, 모여서 흥겹게 술을 마시며 즐기는 것보다 훨씬 인생에서 의미 있는 일이다(하물며 경제적이다). 이처럼 고민할 문제를 가지고 있는 건 나쁜 게 아니다. 오히려 그것을 내버려 두는 것이 바람직하지 않다. 그것은 어리석은

자가 되는 지름길로 물론 그렇다고 하여 나쁘다고 말할 수는 없다. 예컨대 깊이 고민한 끝에 자살이라는 극단적인 선택을 하는 것보다는 어리석더라도 좀 더 인생을 살아갈 기회를 가지는 게 나을 것이다.

단정하지 않는 게 좋다

'하는 수 없지' 혹은 '이런 거야'라며 단념하며 살아가는 것도 사회를 살아가는 데 유용한 방법 중 하나다. 깊이 고민해도 결단이 서지 않아 행동이 늦어지거나 고민하는 자체가 스트레스가 되어 몸이 상하는 극단적인 경우에는 이 방법이 특효약일지 모른다. 하지만 그것은 어디까지나 '일단 미루자'는 처리 방법이다. 시간이 있을 때 천천히 고민하면 될 것이기 때문이다.

다시 말하지만, 고민하는 건 결코 나쁘지 않다. 아무튼 생각하지 않는 것보다는 생각하는 게 낫다. 여기에 예외는 없다. 특히 추상적으로 생각하다 보면 꼬리에 꼬리를 물고 연상되는 것이 있어 머릿속에 수많은 부산물이 생긴다. 여러 유형이나 양식이 축적되고 그것은 장차 분명히 자신의 인생에 힘이 되어줄 것이다.

인간관계가 생각처럼 되지 않아서 고민하는 사람은 그것만으로 이미 인간관계를 응시할 능력이 있음을 보여준다. 그런 것에 고민하지 않는 사람은 둔하여 주위로부터 곤란한 사람으로 취급받는 경우가 많다. 이럴까 저럴까 고민하는 사람은 친절하고, 단호히 '이렇다!'고 단정하는 사람은 차갑다. 그러니 마음껏 고민하면 된다.

그러나 타인에게 '당신도 이 점에 대하여 좀 더 고민하라'고 말하는 것은 잘못이다. 왜냐하면 고민이라는 건 남이 강요하는 게 아니기 때문이다. 무엇을 고민할 것인지를 자신의 힘으로 찾아내는 것이 그 사람의 능력이고, 그 발견에 가장 큰 가치가 있다.

때때로 구체적으로 표현해보는 것도 좋다

인간관계에 관해 꽤 추상적으로 이야기했는데 어떠했을까? 자신의 주변에 적용하여 조금이라도 생각할 계기가 된다면 기쁘지만, 솔직히 당신에게는 행운이다.

이처럼 추상적으로 말하면 많은 사람이 '생각하는' 것에 조금씩 빠져든다. 거기서 각자의 두뇌에서 생각의 보폭이 확장되기 시작한다. 추상성이 높은 것일수록 생각의 보폭을 키우는 데 많은 노력이 필요하지만 그만큼 넓은 범위에 적용할 수 있다.

게다가 다른 사람에게 설명하거나 글을 쓰는 데 익숙하지 않은 보통의 사람들은 원래 자신의 생각이나 경험 같은 추상적인 내용을 언어로 표현하지 않기 때문에 그저 애매모호한 기분으로 간직하고 있다. 이 책을 읽고서 비로소 '바로 그거야!' 하고 무릎을 탁 치는 사람도 분명 있을 것이라고 상상한다.

어렴풋한 것을 때때로 언어로 표현하면 다소 둔해지거나 조금 다른 게 되어버릴지 모르지만, 타인에게 설명할 생각으로, 혹은 자신의 확인을 위해 구체적으로 표현해보는 것도 나름 유효할 것이다. 하지만 이것은 트위터나 블로그에 올리지 않는 게 바람직하다. 어디까지나 자신을 위한 것이기 때문으로, 타인의 시선은 신경 쓰지 않는 게 중요하다.

생각해보면 참 이상한 이야기지만, 언어라는 구체적인 것으로 추상적인 것을 표현한다. 이때 분명히 '~와 같은'이라는 표현을 빈번히 사용하게 될 것이다. 상대에게 전달하는 게 얼마나 어려운지도 이해하고 또 구체화함으로써 무엇을 잃는지도 분명히 알 것이다.

인간관계는 타자와 자신의 관계이고, 그 사이에 있는 건 결국 '언어에 의존한 커뮤니케이션'이다. 개인이 품은 추상적인 개념조차도 언어에 의하여 더듬더듬 전하는 수밖에 없다. 정말로 답답한 일이다. 그러나 언어가 없을 때에 비하면 그나마 낫다.

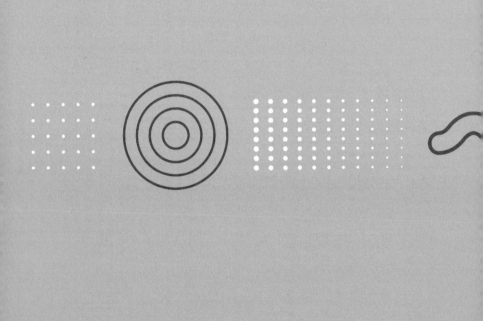

제3장

생각의 보폭을
넓히기 위해서는

생각의 보폭을 키우는 방법은 있을까

'나는 이렇게 생각한다' '내 생각은 이렇다'고 말하듯이 대상을 어떻게 파악하는가, 어떻게 해석하면 좋은가 하는 분석은 비교적 쉽다. 원래 학문이라는 건 대개 그것을 탐구하는 자세를 기본으로 한다.

과학도 그러하다. 자연현상을 얼마나 합리적으로 설명하는가? 그런 동기가 처음에 있다. 그런데 그럴듯한 가설이나 최고의 모델을 찾아내면, 다음 단계에서는 그것을 어디서 잘 활용하자는 '방향성'이 생긴다. 처음에는 호기심으로 파고드는데 차츰 이익 추구에 중점을 두게 된다. 어쩌면 이건 '여기까지 왔으니 원금을 회복하자' 혹은 '이런 것을 발견했으니 잘 이용하자'라는 심리가 작용하는 것일지도 모른다.

추상적인 사고방식이 얼마나 우수한지에 대하여 이제껏 힘주어 말했는데, 이 책을 읽고 있는 당신도 똑같은 생각을 했을 것이다. 책을 읽을 당시는 일시적으로 '깨달음'과 흡사한 감각을 맛본다. 그 감각을 자신의 힘으로 제로부터 얻기 위해 도전할 마음에서 책을 읽는다면 분명 얻는 게 있을 것이다.

'어떻게 생각할 것인가'하는 사고 방법에 관한 책은 서점에서 얼마든지 만날 수 있다. 최근 10년 동안 일반인을 대상으로 뇌가 어떤 작용을 하는지에 대한 연구를 설명하는 책도 산더미처럼 나왔다. 나는 그 많은 책을 다 읽어보지는 않았다. 하지만 분명 진지한 연구 결과가 담겼을 것이라고 충분히 상상할 수 있다. 그런데 띠지 문구에는 '이렇게 하면 사고력이 향상된다'는 식으로 마치 '머리가 좋아지는 방법'이 그 책에 담겨 있는 양 짐짓 꾸민다.

사고력뿐 아니라 인간관계력, 연애력, 취업력…… 결국에는 살아가는 힘이라는 말까지 나온다. 제목을 '○○력〃'으로 하면 잘 팔린다는 출판사의 마케팅 노하우에서 나온 것일지도 모른다. 그리고 그 책에는 공통적으로 그 능력을 향상시켜주는 구체적인 방법이 존재하기라도 하는 양 착각을 불러일으키는 문구가 우리의 눈을 사로잡는다. '○○력을 키우는 10가지 방법'이라는 식으로 구체적인 수치가 언급되기도 한다. 그 방법이 천 개쯤 되면 보는 것만으로 질릴 테지만 고작 열 개라면 한 번 해볼 만하다는 속임수로 사람들을 현혹시킨다. 이왕 구체적인 사례를 들 바에는 천 개쯤 언급하는 게 더 사실적이지 않을까.

대다수 사람들은 구체적인 방법을 알고 싶어 한다. '이것만으로 살 뺄 수 있다'고 하면 다이어트 하는 사람은 그 방법을 알려고 얼결에 손을 내민다. 이와 반대로, 해서는 안 되는 구체적인 방법을 나열한 것도 헤아릴 수 없이 많다. '연애에 실패하는 사람의 10가지 조건' 같은 책이 그러하다. 실패하는 방법을 몽땅 피했다고 성공하는 건 아니지만, 그러나 성공하는 방법을 언급하는 것보다 실패하는 방법을 언급하는 쪽이 오히려 양심적으로 느껴진다.

그런데 세상에는 책에 담긴 내용을 곧이곧대로 받아들이는 사람이 있다. 소설 속 등장인물이 말한 것을 틀림없는 진실로써 믿는다. 소설가로서 일말의 책임감을 느끼지 않는 건 아니지만, 이 자리를 빌려 '조금은 주의하라'는 당부의 말을 하고 싶다.

:

'가르칠 수 없다'는 것을 이해한다

이번 장에서는 생각의 보폭을 넓혀 추상적으로 생각할 수 있는 사람을 양성하기 위해서는 어떻게 하면 좋을지에 관하여 이야기해보려 한다. 이런 식으로 말하면 '교육론'으로 인식하기 쉽지만, 그렇지 않다. 왜냐하면 '교육'이라는 구체적인 '방법'이 사람을 키우는 것에 대하여 솔직히 나는 반신반의하고 있기 때문이다.

지식을 가르치는 교육이라면 그 성과는 매우 또렷하다. 역사적으로 봐도 그것은 명백한 사실이다. 그러나 '어떻게 생각할 것인가?' 하는 문제라면 과연 가르칠 수 있을지 의문이 든다. 특히 '발상하는 방법'이나 '상상하는 방법'을 구체적으로 표현할 수 있을지 몹시 난감하다. 그것을 만일 유사하게 체험할 수 있었다고 해도 다른 발상이나 다른 상상, 그 사람만의 발상이나 독특한 상상이 가능해질까?

잔혹한 얘기가 되겠지만, 솔직히 말해 결국 추상적으로 생각하는 능력을 키우는 구체적인 방법 따위는 존재하지 않는다. 그러니 가르칠 수도 없다는 게 현시점의 내 생각이다. 어떤 기발한 방법이 언제인가 불현듯 떠오를지도 모르기에 절대 불가능하다고 단언할 수는 없지만 지금 시점에서 내게 그 같은 발상은 없다.

'노하우Know How'라는 말이 있다. 또한 최근에는 '하우투How To'라는 말도 널리 사용되고 있다. '노하우·하우투'라는 분야도 있을 정도다. '사고법'에 대해서도 많은 사람들이 갖가지 방법을 시도해왔다.

예컨대 아이의 상상력을 향상시키기 위해서는 어떻게 하면 좋은가 하는 교육에 힘을 쏟는 사람이 많다. 호기심을 키우기 위한 구체적인 방법도 자주 듣는다. 벌써 몇십 년 전부터 그런 방법이 실행되었다. 그렇다면 지금 상상력이나 호기심이 명백하게 향상되어진 사람들이 있을까? 만일 효과가 분명하다면 어째서 전 국민에게 그 방법을 실행하지 않는 것일까? 소수의 사람을 대상으로 했다면 극단적인 격차를 보여 만천하에 화제가 되지 않았을까?

　교육이라는 건 결국 구체적인 지식을 주입시키는 것밖에는 할 수 없다. '재능을 키운다'는 것은 본디 그 사람에게 있는 재능을 활짝 펼칠 장소를 마련해준다는 말이다. 나는 30년 가까이 교육 관련 일을 해온 사람이지만, 젊은 시절에는 교육의 효과를 굳게 믿었다. 하지만 지금 이 같은 결론에 다다른 것은 수많은 사례를 직접 보아왔기 때문이기도 하다.

'사고한다'는 체험

물론 교육만을 해온 것은 아니다. 나의 주요 업무는 연구로, 연구하는 동안에 나는 일단 내 머리로 생각한다. 그러는 가운데 업무 성과로서 한 단계 향상할 때는 틀림없이 어떤 새로운 발상이 앞서 있었다. 이 발상이 없다면 아무것도 할 수 없다. 그저 조사하고 시도하고 데이터를 모아도 그것은 그저 '조사'일 뿐이지 결코 '연구'가 되지는 않는다. 그리고 아주 중요한 '발상'은 어렴풋한 형태로 느닷없이 찾아오는데 그것을 마치 구름을 낚아채듯이 손으로 잡아당기면 서서히 어떤 형태가 보이기 시작한다.

　이 발상을 움켜쥐었을 때 '알았다!'라는 감동은 없다. 너무도 흐릿하여 뭐라고 말할 수 없다. 구체적으로는 아무것도 없다. 놓치지 않으려 집중하여 생각하는 동안에 차츰 구체적인 나뭇가지와 잎이 보인다. 그 이후에 실험을 하고 확인을 위해 계산하는 동안에 그 본 줄거리가 겨우 자신의 것이 된다. 따라서 환한 이미지는 없어도 멀리 떠 있는 구름에서 번개가 '번쩍' 하는 모습을 본 것 같은 느낌은 있다. 그리고 바로 그 순간 이전만큼 어두운 암흑이 펼쳐진다. 그 암흑 속에서 필사적으로 무엇인가를 찾는 시간이 내내 이어진다.

거기에 있는 건 환희도 만족도 아니다. 그저 불안과 긴장만이 있을 뿐이다. 경우에 따라서는 번뜩하고 머릿속을 스친 것이 논문의 구체적인 이론이 될 때까지 몇 년의 시간이 걸리기도 한다. 옳은지 아닌지를 확인하는 시간이 필요하고, 때에 따라서는 현시점에서 확인할 방법이 없는 경우도 있다. 발상의 진위를 확인하는 건 누구든지 가능하기에 다 같이 힘을 모아 계산한다. 발상 중 90% 이상은 구체적인 것이 되지 못한다. 계산해본 결과, 틀렸다는 걸 알게 된다. 그럴 때 불안과 긴장이 밀려온다.

그래도 처음에 찾아오는 '발상'이 없다면 연구는 시작조차 하지 못한다. 무엇을 생각해야 할지 모르면 생각조차 할 수 없다. 따라서 연구자는 문제를 끌어안는 걸 더할 나위 없는 행복으로 느낀다.

발상을 잘하는 방법

이처럼 어떤 발상을 떠올릴 수 있는 사람은 뛰어난 연구자로 우수한 두뇌를 가지고 있다고 말할 수 있다. 그 사람을 동경하고 어떻게 하면 자신도 그런 발상을 할 수 있을지를 생각한다.

나는 연구자로서 일하며 수많은 학생들을 연구자로 키웠다. 하지만 발상법만큼은 도저히 학생들에게 가르칠 재간이 없었다. 당연하다. 나 역시도 생각이 어떻게 떠올랐는지 알지 못하기 때문이다. 맨 처음에 떠오른 게 무엇인지도 설명할 수 없다. 설명할 수 있는 것은 발상에서 발전시킨 아이디어다.

발상이 씨앗이라면 아이디어는 떡잎이나 새싹이 돋은 묘목으로 이 단계에서 비로소 다른 사람에게 설명할 수 있어서 힘을 모아 그것을 키워갈 수 있다(말라죽을 수도 있지만). 결국 자신의 머리 밖으로 나올 수 있는 것은 발상 그 자체가 아닌 다른 사람도 이해할 수 있도록 논리적으로 키운 아이디어다.

망연한 발상에 딱히 어떤 방법이 있을 리 없다. 따라서 만일 자유로운 발상법에 대하여 설명하는 책이 있다면 거기에는 놀랄 만한 새로운 사실 혹은 아무짝에도 소용없는 거짓이 있을 것이다. '놀랄 만한 새로운 사실'이라면 굳이 책으로 읽지 않아도 조만간 세상의 핫이슈로 대두되어 곧 알게 된다.

단, 때때로(결국 확률은 꽤 낮다) 본래 재능을 갖고 있었는데 어떤 이유로 그것이 봉인된 사람이 책을 읽거나 스승을 만나면서 봉인이 해제되어 눈을 뜨기도 한다. 그런 의미에서 조금은 교육에 기대해볼 만하다. 결국 그 방향성은 아이들의 가능성을 어떻게 하면 망치지 않을까에 있다. 현재 젊은 사람은 상식에 묶여 구체적인 수많은 정보에 억눌려 있다. 충분히 할 수 있는 일인데도 '할 수 없다'고 믿는 사람이 너무 많다. 그 비율은 옛날보다 훨씬 많아진 것 같다.

무엇이 '발상'을 방해하는가

먼저 대략적으로 말하면, 개인이 추상적으로 생각하는 힘을 방해하는 것은 '이것은 이렇다'는 외부의 강요일 것이다. 그 압도적으로 많은 정보가 '의문 따위는 갖지 마라'고 압박한다. 교육이라는 행위는 적어도 구체적인 정보를 강요하는 것이고, 개인이 어렴풋이 가지고 있던 이미지를 다른 사람들과 공유하기 위하여 의미를 한정하는(즉 정의하는) 작업의 집적이기도 하다. 그 결과로서, 역설적으로 교육이 추상적인 사고를 방해하고 있을 가능성이 있음을 앞서 자각하지 않으면 안된다.

지식의 축적은 추상적 사고와는 그 방향성이 완전히 다르다. 만일 다양한 지식을 이해하고 지식에 의해 모든 문제를 해결할 수 있다고 믿는다면 이미 아무것도 생각할 필요가 없다. 어린 시절부터 주입식 교육을 중시하여 지식을 얼마나 많이 암기했는지에 따라 곧 시험 점수에 반영되었기에 '어떻게 생각하는가'보다는 '얼마만큼 지식을 인풋했는지'를 중시하는 것도 무리는 아니다. 아이는 인풋한 지식을 기억하는 것으로 얼마든지 사회에서 성공할 수 있다고 간단히 믿게 된다.

지금 아이들에게 중요한 건 '잊지 않고 기억하는' 것과 '그것을 정확히 떠올리는' 것이지 '생각하는' 것이 아니다. 따라서 암기한 것을 떠올릴 수 있는지로 풀이할 수 있는 문제는 공부한 사람을 망치는 나쁜 문제라고 하겠다.

따라서 성실하게 공부하면 좋은 점수를 받을 수 있는 그런 시험이어야 할 것이다. '머리에 우열은 없다' '어떤 아이든 노력하면 기필코 좋은 결과를 얻는다'고 교사는 믿으려 하고 실제로도 그렇게 가르치고 있을지 모른다. 그러나 아이의 입장에서 보면 노력이란 결국 눈앞에 있는 것을 암기하는 것이다. 아이는 달리 노력할 게 없다. 왜냐하면 생각하는 것, 돌발적으로 어떤 발상을 하는 건 '노력'과는 무관한 행위라고 본능적으로 인식하고 있기 때문이다. 암기하는 데는 어려움이 따르지만 무엇인가를 발상하는 데는 그렇지 않다. 어떤 생각을 떠올린 아이는 한순간에 그것을 떠올리기에 얼핏 보기에는 손쉬워 보인다. 하지만 대다수 아이는 아무리 노력해도 그렇지 못하다.

하물며 '우리는 모두 똑같아야 한다'는 풍조가 현대사회의 근저에 있다. 자신의 아이가 특별히 두드러져 보이면 곤란하다고 생각하는 부모도 있다.

본래 '기회의 평등'을 말했던 것인데 실질적으로는 '몰개성'이 투영되어버렸다. 특히 개개의 정보가 널리 유포되고 간단히 접할 수 있는 시대가 되었기에 지극히 구체적이고 아무래도 좋은 것까지 다른 사람들과 같길 바란다. 자신만 다르면 불안하다. 책을 읽으면 자신이 어떻게 생각했는가를 돌아보기에 앞서 다른 사람의 감상은 어떤지를 인터넷 검색으로 알아본다. 그만큼 타인을 신경 쓰는 것이 요즘의 젊은 사람들이다.

⋮

너무 편리해서 잃어버린 '생각할' 시간

최근에는 이상한 일이나 모르는 일은 즉시 인터넷으로 검색한다. 만일 도서관을 찾아서 조사해야 한다면 개관 시간까지 기다려야만 한다. 그때까지는 수수께끼는 수수께끼인 채 그 사람의 머릿속에 방치된다. 따라서 조금은 자신의 머리로 수

수께끼에 맞서는(혹은 멀거니 바라보는) 시간을 가지게 된다. 그런데 즉시 검색할 수 있는 편리한 인터넷이 보급된 까닭에 '의문을 느끼자마자' 자신의 머리로 생각이라는 것을 하기도 전에 인터넷에 접속한다.

이런 환경에서 추상적으로 생각하기란 분명 어려운 일이다. 구체적인 정보가 산더미만큼 있는 데다 너무도 손쉽게 얻을 수 있게 되었으니 말이다. 요즘의 사회 환경이 이러하기에 사람들의 생각의 보폭은 좁아져 추상적으로 생각하지 못하는 것이다.

하물며 굳이 생각하지 않아도 수월하게 살아갈 수 있는 생활환경이 실현되어 있다는 것도 한 가지 원인으로 꼽을 수 있다. 우리가 살고 있는 현대는 깊이 생각하지 않고도 그럭저럭 살아갈 수 있다.

이를테면, 생명을 위협하는 위험요소는 점차 우리 주변에서 멀어지고 있다. 잘못 사용하여 사고가 일어난 경우에도 오히려 사전에 그 대응책이 마련되지 않은 제품이나 사용설명서가 갖춰지지 않았던 데 잘못이 있다고 추궁한다. 무슨 일이든 기업이나 국가의 책임이 된다. 먹어서는 안 되는 것은 미연에 공공기관이 시장에 나오지 않도록 막는다. 만일 먹어서 병이 된다면 해당 기관을 고소한다. 먹을 때 좀 이상한 냄새가 났지만 특별히 주의를 기울이지 않고 먹은 경우에도 그것을 먹은 본인에게 책임은 없다는 식이다.

사용법은 이미 상세한 매뉴얼로 친절하고 정중하게 설명된다. 이해가 되지 않는 것이 있으면 그것은 옳지 않다고 여긴다. 하물며 글자가 작아도 읽을 수 없다고 불평하고, 전차 안이 시끄러워도 철도회사에 문제를 제기한다.

이런 사회에서 이런 어른들의 모습을 보고 아이들은 자란다. 생각하지 않으면 안 되는 문제가 있다면 '이런 건 학교에서 가르쳐주지 않는다'며 불만을 털어놓는다. 굳이 불만을 말하지 않아도 이미 머리에서는 불만스럽게 생각한다. 화를 내면서도 자신의 머리로 그것에 대하여 생각하려고 하지 않는다.

좀 극단적이기는 해도 이런 경향이 있다는 건 누구나 인정할 것이다. 더욱이 극단적인 생각에서 때때로 터무니없는 사건을 일으키는 사람이 있는데 그런 사건에 대해서도 '요즘 교육이 문제다' '가족 간의 대화가 부족한 탓'이라며 구체적인 이유로 덮어버리려고 한다.

스스로 자신을 바꿀 수밖에 없다

그렇다면 어떻게 하면 좋을까?

'구체적인 것에 사로잡히지 마라'는 말로 해결될 문제가 아니다. 앞에서도 말했듯이 '어떤 교육을 하면 좋은가'라는 물음에 적절한 답은 없다.

사회를 바꿀 수는 없다. 왜냐하면 바꾸고 싶지 않은 자들이 사회를 지배하고 있기 때문이다. 그 사람들은 구체적인 정보로 대중을 선동하고 큰 이익을 얻는다. 그런 사회 구조를 머릿속에 그릴 수 있는 사람은 적지 않다. 간단한 일례로 유행을 따르는 사람이 많을수록 패션업계는 돈을 번다. 대중 언론에 좌지우지되는 사람이 많을수록 광고업은 이익을 얻는다. 투자하는 사람이 많을수록 경제는 활성화되어 큰 자본이 더 큰 수익을 낳는다.

인간의 욕망은 실로 엄청나다는 걸 알 수 있다. 이런 것까지 생각하다니······ 그저 놀라울 따름이다. 치밀하게 계산하여 계획된 온갖 수법으로 돈을 긁어모은다. 이렇듯 사회 구조는 일부의 사람이 경제적으로 부를 얻도록 만들어져 있다. 물론 돈벌이가 되기에 그런 구조가 만들어졌을 것이다.

흔히 인터넷으로 친구를 만들 수 있는 좋은 사회가 되었다며 흐뭇하게 여겨지는 이 세계도 역시 어떤 자본이 지배하고 거기서 이익을 얻는 것은 많은 사람들로부터 조금씩 착취한 결과이다. 객관적으로 보든 추상적으로 보든 그러하다.

따라서 내가 여기서 말하는 '생각의 보폭을 키워라' '객관적이고 추상적으로 생각하라'는 방법은, 이 같은 사회와 경제를 만든 사람에게는 적합하지 않다. 그러니 이 책이 베스트셀러는 될 수 없다.

하지만 다행히도 말하고 쓸 자유와 생각할 자유가 있다. 비록 사회를 바꿀 수 없어도 자기 자신은 바꿀 수 있다. 이 책을 읽고도 스스로 새로워지자고 생각하지 않는 한 아무것도 달라지지 않는다.

:

방법 같은 것

지금까지 발상을 돕는 방법 같은 건 없다는 것, 그리고 현대의 사회 구조와 환경에서는 객관적이고 추상적으로 생각하는 게 더욱 어려워졌다는 것에 대하여 설명했다. 여기서 다시금 어떤 힌트가 될 만한 게 없는지를 (다소 억지스럽게) 생각해보자. 방법적으로 어떤 '방법 같은' 것을 제시할 수 있지 않을까?

문득 떠오른 생각들을 나열해보자.

- 일상적인 것을 의심한다.
- 평소의 것을 조금씩 바꿔본다.
- 그렇구나! 불현듯 무엇인가를 느꼈다면 다른 비슷한 상황이 없는지 상상해본다.

- 늘 비슷한 것, 비교할 수 있는 것을 연상한다.
- 장르나 목적에 구애받지 말고 될 수 있으면 창조적인 걸 다룰 기회를 가진다.
- 스스로 창작해본다.

이렇지 않을까? 추상적으로 설명한 탓으로 정확히 어떤 의미인지 파악하지 못할 수 있다. 잠시 책을 덮고 생각에 잠겨보는 것도 좋을 것이다. 하지만 책이기에 추가 설명이 필요하다 (책이 구체적인 정보를 콘텐츠로 하기에 어쩔 수 없다). 지금부터 차례로 구체적으로 설명해보자.

⋮

일상적인 것을 의심한다

평소에 태연히 해오던 것들을 의심한다는 건 평범한 사람들이 간과해온 지극히 당연한 일로 여기던 것에 '왜?'라고 묻는 것이다. 자주 '상식을 의심하라'는 말을 듣는 데 그리 거창하게 생각할 건 없다. 일상적으로 '어, 이상하지 않아?'라는 눈으로 선입견이나 고정관념 없이 바라보는 자세다. 이것은 트집을 잡는 것도 말꼬리를 물고 늘어지는 것도 아니다. 그런 오해를 받기 일쑤라 굳이 입 밖으로 말하지 않고 머릿속으로만 생각해도 충분하다(하지만 주변 사람에게 묻고 상대의 반응을 보는 건 공부가 될 것이다).

　원자력발전의 경우에도 정부는 수차례 '지금 당장 위험한 것은 아니'라고 말했다. 하지만 지금 당장 위험하다면 이미 그곳에서 누군가가 쓰러졌을 테니 굳이 말하지 않아도 안다. 그것을 모르기에 지금 당장 위험하지 않다는 말에 '당연히' 그렇다고 생각하는 게 아닐까?

　정부가 말한 '눈에 보이지 않는 힘'이나 '눈에 보이지 않는 위험'이라는 표현도 신경에 거슬렸다. 통상 '힘'이라는 건 눈에 보이지 않는다. 또 대다수의 '위험'도 사고가 일어나기 전에는 눈에 띄지 않는다(눈에 보이지 않기에 위험하다). 흔히 천생연분은 우리의 눈에는 보이지 않지만 붉은 실로 이어져 있다고 하는데, 눈에 보이지 않는다면 색도 없을 것이다.

　방사능은 보이지 않기 때문에 무섭다. 열도 무게도 맛도 눈에 보이지 않는다. 따라서 화상을 입거나 허리를 삐끗하거나 상한 음식을 먹고 토하기도 한다. 그러나 눈에 보이지 않아 무서운 게 아니라 당장 어떤 영향을 받고 있는지 느낄 수 없기에 무섭다.

　가을이 되면 나뭇잎은 빨갛게 혹은 노랗게 물든다. 그런데 잎사귀는 왜 색을 바꿔야만 할까? 자연계의 모든 것은 어떤 의미에서 목적을 가진다. 그러는 것이 유리하기 때문으로 자연도태에 의해서 그 종이 생존했다고도 말할 수 있다. 예컨대 잎을 떨어뜨리는(낙엽) 게 겨울바람이나 적설에 유리하다. 나뭇잎의 색깔이 초록인 채로 있으면 어떤 나쁜 일이 있는 것일까?

남자와 여자의 이름이 다른 건 왜일까? 때때로 성별을 분간할 수 없는 이름도 있지만 대개는 여자인지 남자인지를 알 수 있다(이것은 일본만 그런 것이 아니다). 또한 사람의 이름인지 애완동물의 이름인지도 대개 알 수 있다. 왜냐하면 구별하여 '~답게' 이름을 짓기 때문이다.

어째서 책은 세로로 긴 직사각형일까? 그림책이나 사진집의 경우는 가로로 길다. 한 손에 들고 읽기 쉽게 하기 위해서일까? 하지만 가로쓰기의 문장은 본디 가로로 긴 판형이 적합하다. 옛날 책은 두루마리로 가로로 길게 펼쳐 읽었고, 그것을 말아서 책꽂이에 수납했다.

검은 개는 나이를 먹어도 왜 흰 개가 되지 않는 것일까?

일본의 전래동화 가구야히메(대나무 안에서 나온 예쁜 여자아이 – 역주)나 모모타로(시냇물에 떠내려온 큰 복숭아에서 나온 남자아이 – 역주)에 등장하는 노인은 왜 그런 기분 나쁜 것을 집으로 가져왔을까? 보통의 상식을 가진 사람이라면 도망가지 않았을까?

올림픽 100m 달리기의 기록은 출발신호를 듣고서 반응할 때까지의 시간을 포함한다. 결국 100m 달리기는 빨리 달리기만 하는 시합이 아니다. 자유롭게 출발한 그 순간부터 골인선에 들어올 때까지의 시간을 측정한 것이 본디 '가장 빨리 달리는 사람'일 것이다. 경기자가 동시에 한꺼번에 출발한다는 건 상당한 스트레스로 자연스럽지 못하다.

또한 높이뛰기나 멀리뛰기는 그 사람의 신장으로 나눈 숫자로 기록해야 하지 않을까? 정정당당하다는 건 그런 것이라고 생각한다.

지금 머릿속에 떠오른 생각들을 문장으로 적어보았다. 계속 하다보면 끝이 없을 것 같아 이 정도로 끝낼 생각이다. 이것은 '그렇지!' 하고 사람들이 호응할 만한 내용이다. 일상의 당연함에서 벗어나 성큼 생각의 보폭을 키운 자유로운 '시점'이라면 새로운 발상이 나올 수도 있을 것이다.

⋮

평소의 것을 조금씩 바꿔본다

쓸데없는 생각이다. 참 할 일도 없다고 말하는 사람도 있을지 모른다. 그 말처럼 이런 생각들은 분명 여유가 있을 때나 가능하다. 다급한 사람은 할 수 없는 일이다.

대상은 무엇이든 좋다. 지금 고민하고 있는 문제라도 좋고 상관없는 아무래도 좋은 것이라도 좋다. 그것에 대하여 상상해본다. 하지만 이대로는 너무도 막연해 무엇을 어떤 식으로 생각할지 모를 것이다. 따라서 그 일부를 조금 다르게 본다. '만일 ~였다면'이라는 식으로 가정한 뒤에 어떻게 될지 진지하게 생각해보는 것이다.

이때의 '만일'은 전혀 일어날 리 없는 비현실적인 것이라도 좋다. 예컨대 '만일 인간이 물속에 사는 동물이었다면 사회는 어떻게 되었을까?' 같은 것들을 생각해보는 것이다. 그리고 그 가공의 세계에 '국경은 있을까? 국가는 있을까? 어떤 산업이 있을까?'라고 점차 상상을 부풀린다.

진짜 쓸데없는 생각이다. 그런 게 도움이 되는 건 고작 '소설가' 정도가 아닌가? 그러나 중요한 것은 그 '만일'이라는 가정을 얼마나 많이 그리고 늘 떠올릴 수 있다는 데 있다.

이것이 어떻게 추상적인 사고로 이어지는 것일까? 먼저, 사고의 유연함을 키워야 한다. 가장 중요한 건 추상화할 때 구체적인 조건을 배제하고 '만일 이 정보가 없었다면……' 하고 가정하는 데 있다. 자신이 알게 된 정보에 대하여 '만일 이것을 몰랐다면……'이라는 가정 아래서 생각하는 게 추상적인 사고의 기본이다.

인간관계에서도 어떤 사람이 한 말이나 행동이 마음에 걸릴 때 '만일 그 사람이 없었다면 내 기분은 어땠을까?'를 생각해봄으로써 과거의 이력이나 인상을 배제할 수 있다. '만일 다른 시점에서 본다면……'이라는 가정이 객관적인 사고로 이어지는 것도 마찬가지다.

상상력이 '만일'이라는 가정을 지탱해주는데, 상상하는 것 자체는 어렵지 않지만 '만일'이라는 것 뒤에 무엇이 오는가, 즉 어떤 가정을 할 것인지는 약간의 발상력이 필요하다. 그런데 여기서 어려움을 느끼는 사람이 꽤 많다. 익숙하지 않기 때문인데, 비록 처음에는 어려워도 점차 상상의 패턴을 이해하면 조금은 해낼 수 있게 된다. 단, 진짜 새롭고 재미있는 '만일'이라는 발상을 누구나 할 수 있는 건 아니다.

수학이나 물리학 분야의 위대한 발견의 대부분은 이 '만일'의 사고에서 나온 것이고, 그것이 가능했던 건 평범하지 않은 재능이 있었기 때문이라고밖에는 볼 수 없다. 아무리 배워도 똑같이 흉내 낼 수 없는 사람이 많다.

사실 상상이라는 행위 대부분은 이 '만일'이라는 가정에서 비롯된다. 백 퍼센트 새로운 것을 제로부터 머릿속에 그리기는 성가시고 매우 어렵다. 그러하기에 이미 존재하는 것, 알고 있는 것을 토대로 '연상'하여 생각하는 게 쉽다. 아마 어린아이는 제로부터 추상적인 이미지를 가질 수 있을 것이다. 성장하는 만큼 현실의 구체적인 정보를 받아들이기에 그것에 의해서 사고의 자유가 억제된다.

그런 구체적인 정보에 얽매여 단단해진 머리를 '굳었다'고 말한다. 발상도 할 수 없고 가정도 할 수 없다. 오히려 돌발적인 것을 생각하는 타인을 비난한다. 우리 주위를 둘러보자. 이런 머리가 굳어버린 사람이 분명 있을 것이다.

⋮

비슷한 상황이 또 없을까

일상에서 '과연 그렇구나!' 하는 일은 다소의 '가르침'이나 '깨달음'을 가져온다. 그리고 '아, 이건 생각지도 못했다'라고 탄복하는 일은 작은 기쁨을 선사한다. 이런 경험이 켜켜이 쌓여 그 사람의 지성이 된다. 늘 배우고 많은 것을 깨달음으로써 지성은 점차 성장하고 또 늘 수정된다. 인생의 가치는 이 같은 변화에 있다고 해도 과언이 아니다.

책을 읽는 등 직접 타인의 지성을 접하는 것은 물론, 홀로 어떤 작업에 몰두해 있어도 반드시 발견이 있다. 작은 것이라도 좋다. 그 발견을 간과하지 않는 게 중요하다.

나는 하루의 대부분을 따뜻한 계절에는 정원 가꾸기를, 추운 계절에는 무엇인가를 만들며 보낸다. 잡초를 뽑는 중에, 줄질을 하는 중에, 얼마나 많은 아이디어를 떠올렸는지 헤아릴 수 없을 정도다. 그것들은 정원 일이나 만들기와 관련된 발상이지만 한순간 인간관계나 인생을 어떻게 살아야 하는가로 전개된다. '아아, 이런 건 인간관계와 똑같다'라거나 '옳거니 이것은 인생에서 중요한 일이구나'라는 연상이 이뤄진다.

예컨대 풀이 생장하는 데 어떤 법칙성을 발견하거나 만들기에서 작은 실패를 경험했을 때에 '아아, 그렇구나!'라고 느낀다. 물론 그것만으로는 아이디어가 되지 않는다. '그렇구나' 하는 느낌이 왔을 때에 그것을 추상화하여 다른 것에 적용해본다. 그러면 전혀 다른 분야도 비슷한 경향이 있다는 것을 깨닫게 된다. 여기서 비로소 쓸 만한 아이디어가 된다.

이런 유사성을 발견함으로써 그 발상은 한층 수정되는데, 결국 이 같은 피드백을 반복하면서 차츰 보편적인 법칙 같은 것이 되어간다.

어떤 구체적인 예를 들어 설명한 탓에 대다수 독자는 이 구체적인 사례에 사로잡힐 것이다. 그 구체적인 예만을 기억하면 그와 반대로 추상적인 사고의 본질을 의식할 수 없게 된다. 말로 설명하거나 사람을 설득할 때 어려움을 느끼는 것은 바로 이 점 때문이다. 따라서 그것을 강조한다는 의미에서 추상적으로 '특수한 것을 관찰하고 거기서 일반화한다'고 말하고 싶다.

⋮

비유할 수 있는 것을 연상한다

단순화시킨 것을 다른 것에 비유하는 습관을 가지는 것도 꽤 유효하다. 이것은 구체적인 방법에 가까워서 실천하기도 쉽다. 이미 우리 주변에는 이런 식의 비유가 많다. '벌레라도 씹은 것 같은'이나 '느린 숲처럼'이라는 표현은 간단히 떠올릴 수 없는 뛰어난 비유다.

따라서 '나비 같은 꽃잎'이라는 수준의 비유는 낙제감이다. 좀 더 먼 다른 분야의 것과 관련지어 연상해야 한다. 들은 사람이 '어?'라고 한순간 의외성을 느끼지만, 곧 '아아, 왠지 알겠다'며 고개를 끄덕이게 된다. 그런 한계선에 있는 게 가장 좋다. 다른 사람에게 이야기하려고 떠올린 게 아니니 완전히 동떨어져 있는 것이라도 상관없다. 스스로 이거 꽤 괜찮지 않아? 라고 평가할 수 있다면 그것으로 충분하다.

친구와 만났을 때 왠지 덜 깬 듯한 얼굴을 하고 있다면 "왜 그래? 냉장고를 열어보니 마요네즈가 떨어졌어?"라고 순간적으로 말할 수 있는 사람은 늘 이 같은 비유를 찾는 버릇이 몸에 배어 있다.

즉흥적으로 재미있는 얘기를 할 수 있는 사람은 이런 식으로 단련되어 있는 사람으로 주위 사람들은 그 사람의 '명석한 두뇌'를 느끼게 된다. 단, 한 번 사용한 화젯거리는 두 번 사용하지 않는다. 결국 발상력을 보이는 게 평가 받는 조건이기 때문이다. 화젯거리로 가지고 있는 게 아니라 즉흥적으로 툭 하고 나오지 않는다면 의미가 없다.

예컨대 '달콤한 말'이라는 비유는 '달콤한 건 기분 좋고 무심코 먹고 싶다'는 것에서 연상된 비유로 흥미롭지 않다. 따라서 '개개풀린 얼굴'을 하고 있는 사람에게 '녹아내린 아이스크림 같은 얼굴'이라고 말해도 별로다. 개그적인 요소가 노골적이라서 이것으로는 추상적 사고라고 말할 수 없고 논리적 사고가 되어버리기 때문이다. 그것보다 본래의 '개개풀린'이라는 표현법이 훨씬 날카로운 비유일 것이다.

⋮

창조적인 것을 접한다

예술이라는 것은 구체적으로 어떤 도움을 주는 것이 아니다. 그림을 봐도 또 시를 읽어도 음악을 들어도 상쾌하고 좋은 기분이 될 수는 있지만 실생활에는 전혀 도움이 되지 않는다(오히려 돈이 든다). 만일 대상을 추상적으로 파악하는 '감성'이라는 것이 그 사람에게 없다면 정말로 무용지물이 된다.

감성에 의해 말로 할 수 없는 것, 구체적이지 않은 것에 대하여 좋은지 혹은 나쁜지를 판단하고, 게다가 좋은 게 있으면 그것을 접하는 것만으로도 즐겁다. 이 '즐거운' 상태가 추상적이라 구체적으로 어떤 상태인지 설명하기 어렵다. 즐거운 것은 '웃는' 것이라고도 간단히 말할 수 없다. 즐거워 눈물을 흘리기도 하기 때문이다.

젊은 사람은 감성이 풍부하다고 하지만 감성이라는 건 어느 정도는 키워지는 것이고 또 사용하지 않으면 메마른다. 만일 감성이 쇠퇴했다면 그것은 구체적인 것에 지배받은 결과로서 추상적인 것에서 멀어졌기 때문이다.

예술과 접할 때 중요한 건 '이것은 내게 가치가 있는지'를 판단할 의도를 가지는 것이다. 물론 가치가 '있다' 혹은 '없다'의 양자택일만 있는 건 아니다. 그 중간도 있고, 일단 그런 판단을 나중으로 미루는 경우도 있다. 언제인가 마음에 들 것 같은 '예감'도 중시한다. 가치를 이해하기 어렵기에 점수나 값을 매기는 것도 하나의 방법일 것이다. 하지만 수치가 되면 너무 구체적이 되어 한정 짓기에, 이후 자신의 선입견이 된다. 여기에서 주의가 필요하다. 또한 자신의 평가를 타인에게 공개하는 것도 가급적이면 삼가는 게 좋다. 타자에게 그런 수치 따위로 영향을 미치는 건 좋지 않다. 영향을 주고 싶다면 자신이 어떤 것에 감동받았는지가 아니라 몸소 감동을 만들 생각을 한다.

여기서 주의할 점은 예술을 평가하는 '눈'에 구체적인 정보를 알 필요는 없다는 것이다. 그 작품은 누가 만들었는가, 어떤 경위로 만들어진 것인가, 사회에서 어떻게 받아들여지고 있는가……, 이런 데이터를 알고 난 뒤에 평가하는 것은 뒤늦은 일이다.

그런 것을 몽땅 버리는 게 예술을 보는 심미안이고 말 그대로 추상이다. 의지가 되는 건 오직 자신의 '감성'뿐이다. 그러지 않는다면 예술을 접하는 의미는 없다.

사람의 평가를 신경 쓰는 사람은 단순히 다른 사람과 마음을 공유하고 싶다는 생각에서 작품을 접한다. 그것은 모두가 웃으니 나도 웃는 흡사 로봇 같은 행동으로, 자신의 감성에서 나오는 것이 아니다.

예술의 본질이란 눈앞에 있는 작품과 자신과의 관계이다.

스스로 창작해본다

감성으로 체험하는 것은 '해석'이나 '이해'가 아니다. 결국 느낀 것을 언어화하는 것은 느낌의 일부만을 구체화한 것으로 전체의 이미지가 아니다. 이것은 그림이나 음악이라면 '당연히 그렇다'고 생각하는 사람이 많은데, 원래 언어에 의해 창작된 시나 소설도 마찬가지다. 언어로 표현돼 있어도 그것을 언어로 이해하는 것은 '잘못'이다. 그러나 이른바 평론가는 이런 일을 무리해서 한다. 잘못이라고 해도 그것을 원하는 일반 대중은 꽤 있다. 뭐든 좋으니 구체적인 해석이나 이해를 원한다. '모르는 것보다 낫다'라고 믿는 사람들이 존재하는 이상 수요는 있다.

그러나 거듭 말하지만 '아는 것보다 모르는' 게 낫다. 추상적으로 대상을 보지 못하는 사람은 언어에 의지한다. 모르는 채로 둘 수 없는 것은, 그것만으로 사고력이 쇠약해지고 단순화시키지 않으면 머릿속에 들어오지 않는다는 불안이 있기 때문일 것이다. 이것은 '알면 더 이상 생각하지 않아도 된다'라는 사고정지라는 안정된 상태를 본능적으로 추구하는 것으로 '이미 죽어 있는' 상태에 가깝다.

그렇다면 예술을 접하고 이해하지 못하는 것을 이해하지 못한 채로 그대로 두면 대체 무슨 일이 일어나는 것일까? 십중팔구 자신도 그런 알 수 없는 것을 만들어보자는 동기가 된다. 여기서 '이해하지 못하는' 것이라고 말했지만 그것은 결국 아름다운 것, 놀라운 것, 즉 감동할 수 있는 것이다.

예술과 접하고 그저 '감동했다'면 그것으로 충분하다. 학교에서는 독후감 같은 것을 아이에게 쓰게 하는데, '감동'을 언어화하는 것은 의미가 없다(현재 독후감에는 대개 구체적인 줄거리를 쓴다). 독후감을 잘 쓰면 그만큼 예술가가 될 수 없다. '해석'이라는 단순화가 예술을 단순한 기술로 만들어버리기 때문인데, 예술가가 되었다고 해도 고작 이류다.

스스로 창작을 하기 위해서는 '감동했지만 말로는 할 수 없는' 그런 '이해할 수 없는' 것을 자기 안에 가지고 있지 않으면 안 된다. 그것은 처음부터 자기 안에 있던 게 아니다. 인간은 태어났을 때 백지상태다. 생각하고 만든 것이라고 해도 그 것은 외부에서 어떤 자극이 들어왔기 때문이다. 그 자극을 해석해버리면 그것은 구체적인 학문이 된다. 그러나 예술 창작은 '알 수 없는' 것을 모르는 채로 자기 안에 받아들인 결과로서 가능한 '변환행위'다. 추상적인 것을 가지고 있는 게 창작에 이르는 주요 동기가 된다.

'왠지 이런 게 좋다'는 기분을 자신 안에 간직하고 있으면 자신도 '어떤 좋은' 것을 만들고 싶어진다. 따라서 창작을 하려는 욕구의 밑바닥에는 대상을 추상적으로 보는 눈이 있어야 한다.

추상화하는 능력이 부족한 사람은 창작이 남을 흉내 내는 것이 되어버린다. 자연히 그렇게 된다. 그것은 여전히 구체적인 것에 사로잡혀 있다는 증거로 자신이 지향하는 것이 충분히 추상화되어 있지 않다는 것을 시사한다.

그래도 무엇인가를 만들고자 하는 마음을 가지는 것만으로 생각의 보폭은 넓어져 세상을 보는 눈이 달라진다. 세상에 존재하는 것은 모두 구체적이고 앞으로 자신이 만들고자 하는 건 아직 존재하지 않기에 처음에는 추상적이다. 추상적인 것에서 출발하여 그것을 구체화시키는 행위를 우리는 '창조한다'고 말한다.

무엇이든 스스로 생각하고 만든 체험이 추상적인 사고력을 키운다.

나이를 먹으면 머리는 굳는다?

나이를 먹을수록 머리가 유연해지는 사람은 단 한 사람도 없다. 어린 시절에는 모두가 유연한 머리를 가지지만 지식의 양이 증가하면서 자유로운 생각이 방해를 받는다. 어쩌면 뇌세포의 노화에 의해서 사고력 자체가 저하되는 것일지도 모른다(개인적으로 그렇다고 생각하지는 않는다. 느끼지도 생각하지도 않는 만큼 쇠퇴하는 게 아닐까). 뇌내 신경망의 회선은 증가하기에 두뇌 기능은 좋아질 것이다. 특히 논리적인 사고력은 학습이나 경험에 의해 강화된다. 그러나 무의식중에 자신의 발상을 논리적으로 곱씹기에 돌발적으로 떠오른 발상을 그 즉시 버리는 회로도 같이 발달한다.

논리는 'A라면 B'라는 이론이 통하는지를 확인하는 것으로, 일단 이론적으로 일관한다(결국 참)면 이후에는 판단조차 하지 않는 것이 '합리화'이다. 그러나 본디 'A와 같은' 것은 늘 'B와 같은' 것이 아니다. 추상적인 것에는 논리를 백 퍼센트 적용할 수 없다. 또한 논리적인 사고는 발상이 있고 난 뒤에 그것을 곱씹는 역할을 한다. 아무리 논리적으로 생각한다고 해도 새로운 것을 떠올릴 수는 없다.

이 같은 이유에서 나이를 먹은(경험을 쌓고 논리적으로 된) 두뇌는 '굳는'다. 그래서 노인은 무슨 일에도 신속하게 결정을 내리지 못하고 계속하여 다시 생각하는 게 좋다고 여긴다. 젊은 사람보다 두뇌회전의 속도가 느려서 더 시간을 들이게 된다. 다행히 최근 꽤 자유로운 시간을 보낼 수 있는 환경에 있는 노인이 늘었다. 그러하기에 깊이 자신의 머리로 생각하고 문제를 푸는 것은 어떨까?

어른들이 먼저 배워야 한다

교육을 이야기하고 있는데 마치 노인을 대상으로 한 '치매 예방법' 같은 게 되어버렸다고 생각하는 사람도 있을지 모른다. 그런데 유감스럽지만 나는 '치매 예방' 같은 문제에는 눈곱만큼도 관심이 없다. 나이가 들어 치매가 되는 건 당연하다고 생각하고, 젊었을 때부터 나는 꽤 바보였다. 함께 일하거나 노는 친구들 가운데는 노인들이 많은데 다행히 나보다 바보인 사람은 없어서 이 문제를 실감할 수 없다. '병'이 되면 주위 사람들이 힘들지만, 그래도 죽는 것처럼 자연적인 현상이 아닐까.

본론으로 돌아오자. 만일 아이에게 '객관적인 시점'이나 '추상적인 사고법'을 가르칠 수 있다면, 아이에게 무엇인가를 가르치기에 앞서 주변의 어른들, 결국 부모나 가족이 그런 시점을 가지고 그런 사고방법으로 생각할 수 있어야 한다. '아이만 잘 가르치고 싶다'는 안이한 생각은 버리는 게 현명하다. 자신이 못하는 일을 아이가 할 리 없다고 생각하는 게 훨씬 현실적이다. 먼저 어른이 노력해야 한다. 이미 나이를 먹어서 힘들다고 생각하는 사람이 아이를 교육시킬 수 있을까? 또한 교사에게 아이의 교육을 맡기겠다는 생각은 너무도 안이하다.

나이를 먹고 뇌가 굳어버린 사람과 접해야 하는 아이는 자연히 상식에 거스르지 않는, 결국 머리가 단단하게 굳은 인간으로 성장한다.

예외적으로 그런 환경에서도 유연한 사고를 하는 아이는 있지만 그것은 어리석은 어른이 싫어서 반발한 결과다. 반면 교사가 아이에게 추상적인 사고를 가르쳐 성공적으로 창조적인 사람으로 키우는 건 매우 어려운 일이다. 기적처럼 그렇게 될 가능성이 전혀 없는 것은 아니지만, 안정적인 방법이라고 말할 수 없다. 하물며 일부러 아이의 미움을 받는 부모가 된다는 것은 터무니없다.

아이는 주의하여 대한다

아이와 함께 TV를 보고 있을 때도 그저 웃거나 맞장구를 치면서 고개를 끄덕이는 것이 아니라, 시시콜콜 불만을 말하는 게 좋다. '말은 저렇지만 과연 사실일까?'라거나 '그런 건 당연하지'라며 TV에서 나오는 말을 곧이곧대로 들어서는 안 된다고 말해준다. 그런 말을 듣고 자란 아이는 '그런 시점도 있구나' '보이는 대로 그대로 받아들여서는 안 되는구나'라며 그때그때 마음에 담아둔다. 이것은 아이에게 좋은 훈련이 된다. 사실 '불만'이라는 말은 나쁜 의미로 사용되고 있어서 '날카로운 지적'이라고 달리 말하고 싶다.

또 한 가지 아이가 엉뚱한 소리를 하더라도 그것을 평가해주는 게 좋다. '말도 안 되는 소리는 마라' 하고 함부로 부정해서는 안 된다.

어느 언론매체에서 밤하늘에 가득한 별을 본 어린아이가 '두드러기 같다'고 말했다. 그 말을 듣고는 '요즘 아이들은 꿈이 없다'며 한탄하는 모습을 보았다. 하지만 아이의 놀라운 발상은 칭찬받아 마땅하다. 별로 가득한 밤하늘은 아름답다는 고정관념에 사로잡혀 있는 사람은 분명 '자유롭지 못한' 머리의 소유자다.

추상적인 사고력은 평소부터 기존 개념에 사로잡히지 않도록 주의하면서 조금씩 키워가는 수밖에 없다. 단기적으로는 습득할 수 없다. 결국 추상적으로 사물을 보는 경험이 축적하는 것으로밖에 얻을 수 없는 능력이다. 추상적으로 바라보는 시점을 세로축에, 시간을 가로축에 둔 그래프에서 추상적 사고력은 그 적분에 비례하여 커진다고 말하면 이해할 수 있을까?(오히려 더 어려워졌을까?)

제4장

추상적으로
살아가는 즐거움

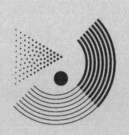

어떤 것에도 구속받지 않는다

기회가 있을 때마다 밝혔던 것인데 내 유일한 원칙은 '어떤 것에도 구애받지 않는' 것이다. 작가가 된 이래 왠지 나는 '당신의 좌우명은 무엇인가?'라는 질문을 여러 차례 받았다. 하지만 내게 그런 건 없었고 적절한 게 없을지 생각해봤지만 어느 것도 가슴에 와닿지 않았다. '좌우명은 없다'라고 말해도 되겠지만, 어른답지 못하다고 생각했다. 그래서 조금 일반화하여 '어떤 것에도 구애받지 않는다'를 좌우명으로 삼았다. 추상적인 사고란 구체적인 것에 얽매이지 않는 것이고, 그래서 이 자리를 빌려 참고로서 조금 자세히 이야기해보려고 한다.

이번 장에서는 내가 어떤 식으로 생각하고 행동하며 일상을 살아가는지를 구체적인 예를 들어 소개할 생각이다. 이것은 추상적인 게 아니다. 따라서 예시에 지나치게 사로잡히지 않기를 바란다. '이래야 한다'는 본보기 같은 것도 아니고, '이러면 된다'는 좋은 사례도 되지 않는다. 사람은 각자 자신에게 맞는, 자신이 믿는 방식으로 살아가면 된다. 내가 말하고 싶은 추상적인 지침은 그것이다.

그렇다면 어째서 '어떤 것에도 구속받지 않는다'를 좌우명으로 삼았는가 하면, 그것은 내 주변 사람들을 보고 '아아, 이 사람은 사로잡혀 있구나' 하고 느낄 때가 너무 많았기 때문이다. 대다수 사람들이 그렇다. 그들을 옭아매고 있는 것은 상식이거나 직장의 분위기, 과거의 사례나 명령, 말, 체재, 타인의 시선, 입장, 자기다움, 명예, 약속, 정의감, 책임감 등등 일일이 열거할 수조차 없다.

물론 나 자신도 여러 가지에 사로잡혀 있었다. 간단히 거기서 자유로워질 수 없다. 근본적인 얘기지만, 살아가기 위해서는 하기 싫은 일도 참고 일해서 돈을 벌어야 한다. 그런 사회 구조 속에 있기에 어쩔 수 없다. 그것이 싫다면 사회에서 벗어나서 산속에서 혼자 자급자족 생활을 하는 수밖에 없다. 그러나 이런 삶을 살면 엄청난 노력을 해야만 하기에 오히려 더 자유롭지 못하게 될 우려가 있다. 어째서 이런 딜레마에 빠지는지 곰곰이 생각해보면, 그것은 '산다'는 것에 얽매여 있기 때문이다. 살아가야만 한다고 생각하기에 참아야만 한다. 그러하기에 '죽어버리면 다 해결되지 않을까' 하는 생각에 이르기도 한다.

당연한 일이지만, 대부분의 사람이 자살에 대하여 생각한다. 그러면서도 여전히 살아가고 있는 것은 왜일까? 이 물음은 매우 중요하다. 그러나 그 답을 구체적으로 말할 수 있는 사람도 적다. 나 역시도 답을 내놓을 수 없다. 단, 모르는 채로 그저 살아가는 게 좋다고 생각한다. 여기서 중요한 건 '~와 같은 기분이 든다'는 지극히 추상적인 방향성이다.

즉, 본디 사람을 살아가게 하는 것은 추상적인 어렴풋한 이유뿐이다. 더 깊이 생각할 수도 있지만 그러나 결코 구체적인 게 될 수 없다. 그렇게 예감 혹은 상상을 한다.

그러하다면 그 추상적인 기초 위에 쌓아 올린 인생이라는 건 본디 그렇게 구체적으로 결정되는 것은 아니지 않을까? 무엇인가를 철저히 추구한다는 것도 좋지만 특별히 몰입하지 않아도 된다. 죽을 정도로 열심히 하는 것도 좋고 그렇게 열심히 하지 않고도 살아갈 수 있다. 사람이 살아가는 것은 그런 것이라고 나는 생각한다.

:

무의식에 사로잡혀 스트레스가 된다

사람은 나이를 먹으면서 타자와 깊은 관계를 맺는다. 거기에 칭칭 얽어매어 있는 사람도 많다. 특히 '나는 사람들에게 어떻게 보이는가?' 하는 이미지가 서서히 확립된다. 일단 그렇게 되면 자기다움을 지키지 않으면 안 된다. 이제 와서 지금까지 만들어온 자신의 이미지를 물거품으로 만드는 행동을 할 수는 없다. 그렇게 자신을 구속하고 궁지에 내몬다.

그것은 외적 요인이 발단이지만 실제 스스로 그것을 용인하기에 자신도 모르는 사이에 내적 요인으로 변한다. 인간관계도 사회적 입장도 자신을 구속하지만 그것의 끄트머리는 자신이 움켜쥐고 있다.

따라서 어느 한순간 나는 '그렇구나! 스트레스의 주요 원인은 나의 선입견이나 고정관념이었다'고 깨달았다. 그 이후 '가급적이면 얽매이지 말자'는 추상적인 목표를 가장 높은 곳에 두었다. 추상적인 목표는 즉각적으로 실현되지 않는다. 구체화하는 것이 어렵기 때문이다. 할 수 있는 작은 것부터 하나씩 쌓아가는 수밖에 없다. 아무리 생각이 추상적이라도 나의 육체는 구체적인 존재이고 사회에서 구체적인 입장에 놓여 있기 때문이다.

연구자라는 직업

그런데 내가 '구속받지 말자'거나 '좀 더 추상적으로 생각하자'고 마음먹었던 가장 큰 원인은 나의 일이 연구였기 때문이다. 상상력을 총동원해도 연구자보다 더 추상적인 일을 하는 직업은 없다.

대개의 일반적인 직업은 구체적인 과제를 처리하고 또 구체적인 성과를 내놓아야만 한다. 그런 입장이라면 어떻게 해서든 눈앞에 있는 구체적인 것들에 사로잡힌다. 어떤 의미에서는 사로잡히지 않으면 일이 되지 않는다. 추상적으로 생각하면 아무래도 고민하는 일이 많아서 시간적인 낭비도 있다. 또한 대부분의 직업은 혼자가 아닌 타인과 협력하여 진행하는 법이다. 스스로 선택할 수 있는 자유는 한정되어 있다. 연구자라도 민간 연구소의 일원이라면 이런 경향이 강하다.

그러나 대학 연구실에 있던 나는 혼자서 연구를 진행하는 입장에 있었다. 게다가 이론적인 분야가 전문으로 팀으로 일하는 방식도 아니었다. 물론 지도하는 대학생, 대학원생, 연구생, 조수라는 팀원은 존재하지만 실상 아이디어를 내는 것이 내 역할이고 다른 사람이 없으면 그저 나만 시간적으로 바빠지는 정도로 연구가 진행되지 않는 환경도 아니었다.

이와 비슷한 직업으로 예술가를 꼽을 수 있는데, 어떤 의미에서 연구자와 흡사하다. 과학을 다루거나 예술을 다루거나, 논리를 사용하거나 감성을 사용하거나, 이런 차이는 있지만 결국 자신의 '발상'에 의지하고, 기본적으로 효율이나 인간관계라는 현실적인 것에 사로잡히지 않는다.

일반적으로 대학교수라고 하면 사회에서 동떨어진 환경에 있어 현실사회가 얼마나 험난한지 알지 못한다고 상상하고는 한다. 그런데 실제 회사 업무에 빗대어 보면 대학교수는 사장이나 사원, 아르바이트가 하는 일들을 모두 혼자 도맡아 하지 않으면 안 된다. 영업도 홍보도 인사도 비서도 모두 혼자서 감당한다. 기술도 관리도 다른 사람에게 맡기지 않는다. 게다가 대학의 운영 업무도 있고 학회의 위원회도 있다. 그러고 보면 의외로 정치적으로 보이는 일도 많다. 반면에 손님이 찾아오면 스스로 차를 끓여 내지 않으면 안 된다. 자신을 대신하여 전화를 받아줄 사람도 없다.

따라서 평범한 회사원보다 더 세상이라는 걸 잘 이해하고 있다. 단, 인간관계가 어긋났을 때 '저 사람과는 이제 끝'이라는 선택을 할 수 있다. 자신의 연구, 자신의 연구실이라는 도망갈 곳이 있기 때문이다. 또한 웬만해서는 해고당하지 않는다. 그 최저한의 안전이 보장되어 있기에 자유롭게 살아갈 수 있다.

연구란 어떤 행위인가

대학 운영이나 학생 지도에는 할당량이라는 게 있는데, 하지만 연구에는 그런 것이 없다. 옆 연구실에 있는 동료가 무엇에 대하여 연구하는지도 자세히 알지 못한다. 연구가 좀처럼 진행되지 않아도 또 성과가 없어도 아무도 불만을 말하지 않고 좌천당하는 일도 없다. 연구는 '개발'이 아니라서 목표를 분명히 할 수 없다. 성과를 낼 수 있을지 없을지, 앞날을 전망하는 것은 단지 개인적인 기대에 그친다.

특히 최첨단 분야인 경우는 도전과 실패의 연속으로, 실패도 분명한 성과로서 인식된다. 결국 잘 되지 않는 것을 아는 것만으로도 발견이 된다.

세상 사람들이 흔히 오해하는 것이 있다. 연구를 '조사'로 보는 것이다. 예컨대 문헌을 조사하고 관련된 것을 찾는 작업이다. 그러나 내 인식으로 이것은 연구가 아니다. 단순히 연구를 위한 준비 혹은 확인 작업이다. 마찬가지로 실험도 발견한 것의 확인, 혹은 실험 중 새로운 것을 찾아내는 행위일 뿐이다. 따라서 추상화하면 조사도 실험도 거의 비슷한 작업이다. 연구하는 데 필요한 작업이지 연구 그 자체는 아니다.

그렇다면 연구라는 것은 어떤 행위일까? 생각하고 또 생각하고, 발상하고, 그리고 그것을 확인하는 것, 만일 확인하지 못했다면 다시 생각에 생각을 거듭하고 발상하는 과정의 반복이다. 운 좋게 순조롭게 진행되었을 때는 논문을 쓰는 데 이 작업도 일이다. 시간적으로 생각하고 확인하는 시간은 참으로 길지만 여기서 없어서는 안 되는 건 역시 '발상'하는 것이다. 모든 것의 기점은 '발상'이다. 그것은 시간으로 따져보면 아주 짧은 한순간이다.

처음에는 어렵겠지만 그것이 습관이 되면 머리도 '발상'에 익숙해진다. 그러는 동안 어떤 발상이 찾아올 것 같은 예감에 끊임없이 작업해나갈 수 있다. 팀원에게 일을 시키고 연구비를 투입하고 시간이 들여 프로젝트를 진행시키는데 결과가 나올지는 알 수 없다. 그럼에도 자신의 예감만으로 모든 것이 시작된다.

사고공간을 헤매는 여행

젊었을 때는 여하튼 빠져들었다. 정신없이 몰입했다. 살아있다는 것조차 잊을 정도였다. 이를테면 밥 먹는 것을 사흘쯤 까맣게 잊고 지낸 적도 있고 볼일을 볼 때도 샤워를 할 때도 그리고 잠잘 때조차도 그 주제가 머릿속에서 떠나지를 않았다. 무엇을 보든 자신이 생각하는 주제로 보였다. 보통 사람은 그런 추상적인 사고공간을 하염없이 헤매는 체험을 하는 일이 거의 없다. 이것이 일이라는 사실도 잊고 현실 세계의 자신이 지금 몇 살로 어디에 있는지, 이를테면 자신에게 가족이 있는지조차도 순간적으로 떠올릴 수 없을 만큼 '저 멀리에 가' 있는 것이다.

삼십 대가 되어서 조교수(이후에 준교수로 명칭이 바뀌었다)가 되었을 무렵에는 그런 여행은 뜸해졌다. 직원도 늘고 연구비도 증가하고 동시에 책임감도 커졌다. 장거리 출장을 가고, 회의에 참가하는 일이 잦아지며 다른 연구자와 만날 기회도 많아졌다. 대학에서의 일(운영이나 교육)도 바빴기에 연구는 이제 젊은 사람에게 맡겨야만 하는 처지가 되었다. 지금 생각해보면 그런 여행은 역시 젊은 두뇌일 때 가능했다.

세상과 동떨어져 있는 연구자도 그 분야에서 최고를 향하고 있을 무렵에는 해당 분야의 상식을 익힌다. 이 같은 상식이 없는 젊은 연구자일수록 돌발적인 발상을 하고 참신한 연구 아이디어를 생각해낸다. 그러하기에 젊은 사람이 하려는 일에 무심코 '그건 문제가 있다'고 조언하려는 마음을 꾹 억누른다. 나 역시도 '문제가 있어. 잘 안 될 것'이라는 말을 듣고도 도전했고 그 결과로서 어엿한 연구자가 되었다.

상식이 걸림돌이 되어도 이제 와서 전혀 새로운 연구 분야에 뛰어들기도 어렵다(외국에서는 때때로 그런 사람도 있지만). 그 주요 원인은 '입장'이다. 상식을 분별하는 어른이 되면 어린애처럼 자유로운 발상도 행동도 할 수 없게 된다는 점에서는 일반사회와 같다.

직업에도 구속받지 않는다

그렇다면 연구자가 아닌 다른 직종으로 바꿔보자고 생각했다. 서른다섯이 지났을 무렵의 일이다. 그런 내 눈에 들어온 게 예술 분야다. 원래 회화를 좋아해서 맨 먼저 회화를 생각했지만 좀처럼 기회가 주어지지 않았다. 하물며 연령적으로 화가로 전향할 가능성이 낮았다. 게다가 수입을 얻지 못하는 동안에는 현재 하고 있는 일을 계속해야 했기 때문에 좀처럼 시간을 낼 수 없다. 잠자는 시간을 줄여도 하루에 고작 3시간밖에 만들 수 없다. 그림을 그리는 데는 꽤 시간이 걸린다.

사진가라는 직업도 생각해봤다. 고가의 카메라를 가지고 있지는 않았지만 디지털카메라가 출시되기 시작했을 무렵이라 흥미가 있었다. 사진이라면 그리 많은 시간이 들지 않는다. 그런데 해가 환한 동안 자연을 촬영하고 싶어도 그 시간에 나는 근무 중이다. 그렇다면 밤에만 찍는 전문 사진가가 되어볼까도 생각했다. 하지만 지금 가진 카메라로는 다소 무리가 있었다. 현재의 자신에게는 맞지 않았다.

후보 직업으로 그림과 사진을 생각한 건 그냥 그것이 좋았기 때문이 아니다. '대단히' 좋아하는 것을 꼽는다면 '모형 만들기'이지만 좋아하는 마음이 심하게 이입되어 직업으로는 맞지 않다고 판단했다. 그림이나 사진을 좋아했을 땐 젊은 시절이었고, 지금은 이미 싫증이 난 상태다. 그저 다른 사람보다 다소 실력이 나아서 직업 후보로 생각했다.

돌아보면, 원래 연구하고 싶다는 강렬한 희망을 가지고 있었던 것도 아니다. 연구가 어떤 것인지 몰랐기에 좋지도 싫지도 않았다. 그저 추상적인 이미지로서 혼자서 조용히 보내는 시간, 그다지 체력을 쓰지 않는 작업이라는 조건을 어렴풋이 상상하고 있었을 뿐이다. 취직했을 때, 다른 동급생보다 급료도 낮았고 실질적인 근무시간은 절대적으로 길었다. 하물며 잔업수당 같은 건 한 푼도 받지 못하는 직장이었다. 그래도 내게는 맞는 직업이라고 어렴풋이 예감했다.

'소설가'라는 직업

결과적으로 이런저런 생각을 하고 나서 소설을 쓰기로 했다. 특별히 도구가 필요하지 않다는 좋은 조건이 매력적이었다. 굳이 도구라고 말할 수 있는 건 컴퓨터뿐으로, 그것이라면 늘 사용하고 있다. 일하면서도 사용하고 개인적으로도 요모조모 사용하고 있다. 또한 업무상 문장을 쓰는 일이 많다. 어릴 적에는 국어가 약했지만 일로 글을 쓰는 가운데 글쓰기가 익숙해졌다. 나 스스로도 남보다 빨리 글을 쓸 수 있다고 평가했다.

소설을 써본 적이 없어서 어떤 식으로 쓰면 될지 몰랐지만, 그러나 읽어본 적은 있다. 어떤 것인지도 잘 알고 있다. 따라서 쓰는 가운데 효율적인 생산방법을 발견할 수 있으리라는 생각에서 여하튼 써보기로 했다. 쓰자고 마음먹은 다음 날부터 썼다.

장편소설 몇 편을 연거푸 썼지만 나 나름으로 어떻게 쓸 것인가 하는 방법이 대략적으로 결정된 것은 세 번째 작품을 썼을 때다. 그 후에도 조금씩 수정을 거쳐 열 번째 작품을 쓰고 있을 때는 거의 기법적으로 확립되어 있었다. 소설가로 내가 어떤 식으로 작품을 쓰게 되었는지 그 경위에 대한 이야기는 이미 다른 책에서 소상히 밝힌 바 있어서 여기서는 이 정도에서 이야기를 마칠까 한다.

소설을 쓰면서 이제까지 해보지 못한 여러 체험을 했다. 그 것은 상상했던 대로 매우 흥미진진하여 연구 초창기에 맛본 감각과 흡사하다. 결국 추상적인 것을 물끄러미 생각하고 발상하고 그러고 나서 구체적인 계산을 한다. 연구는 순조롭게 진행될 확률이 꽤 낮고 잘 진행될 때만 발표하지만, 소설이 잘 써졌는지 아닌지 분명하지 않은 채로 일단 출간된다. 자신은 꽤 완성도 높은 작품을 썼다고 생각해도 많이 팔리지 않는다면 일로서는 실패이고 '실패작'이 된다. 그런데 예상을 뒤집고 인기를 얻는 작품도 드물지 않다.

그러나 작업으로서는 양쪽 모두 비슷하다. 그 본질은 키보드 앞에 앉아서 생각하면서 문장을 쓰는 것이다. 마침 나는 '미스터리'라는 장르를 선택했기에 논리적 사고를 도입하는 점에서도 유사했다. 단, 소설에서의 논리성이라는 것은 매우 초보적인 수준의 것일 수밖에 없다. 그렇지 않다면 일반 독자가 받아들이지 못할 것이기 때문이다.

가장 큰 차이는 이 '받아들인다'는 데 있었다. 연구는 일반 사람들이 받아들일 필요가 거의 없다. 옳다면 받아들여지고 오류가 있다면 받아들여지지 않을 뿐이다. 특히 대학교수는 급여를 받고 자신이 좋아하는 주제를 연구하고 있기에 후원자의 기분을 살피지 않아도 되고 상품화로 이어지지 않아도 상관없다. 비록 경쟁에 지더라도 경제적인 손실은 없다.

한편 소설가는 인기에 좌우되는 비즈니스이기에 자신이 하고 싶은 대로 마음대로 진행해서는 안 된다. 기본적으로 그렇다. 단지 나의 경우는 원래 직업이 있었고 데뷔작이 출판되었을 때는 이미 서른여덟 살이었기 때문에 소설가로서의 지위를 오래도록 지키겠다는 야심도 없었다.

　지금까지 베스트셀러가 된 작품은 사실 한 작품도 없었다. 하지만 다행히도 사랑해준 독자가 어느 정도는 있었고 다음 작품을 쓰고 있는 가운데 당초 예상했던 수입을 훌쩍 웃도는 수익을 얻었다.

소설을 위한 발상

내가 소설을 쓰는 방식은 매우 간단하다. 키보드 앞에 앉아서 의외로 구체적인 것은 생각하지 않는다. 줄거리도 정하지 않고 누가 어떤 성격인지, 누가 죽는지, 어떻게 사건이 해결되는지 아무것도 결정하지 않는다. 그저 추상적으로 어렴풋한 분위기 같은 걸 생각한다. 먼저 작품의 제목을 정하기는 하지만 제목을 정한 뒤 3개월 넘게 희미하게 머릿속에 간직한다. 그것은 어떤 말로도 담아낼 수 없기에 모조리 머릿속에 넣어둘 수밖에 없다. 나는 메모라는 것을 일절 하지 않는다. 이것은 연구할 때도 그렇다. 메모해두자고 생각한 순간, 결국 말로 함으로써 잃는 게 너무 많기 때문이다. 어차피 마지막에는 글로 담아내야 한다. 메모보다는 본문이 글자 수가 많기 때문에 잃는 것을 최소화할 수 있다. 발상한 순간 메모할 정도라면 발상하면서 본문을 쓰는 게 효과적이다.

처음에 제목을 정한다고 말했지만, 첫 번째 작품에서는 먼저 스토리를 정하고 나중에 제목을 생각했다. 그런데 이게 굉장히 어렵다. 적당한 제목이 없다고 생각했기 때문이다. 다른 예술작품에도 '무제無題'라는 제목을 붙인 것이 있는데, 소설은 이것이 허용되지 않았다. 그래서 어쩔 수 없이 두 번째 작품부터는 맨 먼저 제목을 정했다. 그러면 제목에 맞는 내용을 쓸 수 있기에 필연적으로 적당한 제목이 되었다.

스토리도 그 어떤 것도 정하지 않았는데 제목을 정할 수 있는가? 이런 질문을 받기도 하지만 추상적인 이미지를 갖고 있어서 그것에 맞춰 제목을 선택한다. 후보로 백 가지 정도 생각하고 그중에서 정한다. 하지만 특별히 메모하지는 않는다. 기억하고 있을 뿐이라서 잊어버리기도 하지만 잊었다면 인상적이지 않다는 증거로 자연도태로 받아들인다.

발상하기에 '체험'할 수 있다

제목을 생각할 때도 그렇고 문장을 쓸 때도 때때로 리듬이 앞설 때가 있다. 결국 '여기는 흠흠흠, 흠흠은 흠흠했다, 같은 문장이어야 해'라는 식이다. 그래서 그 리듬에 맞는 언어를 선택한다. 의미는 그 다음이다. 혹은 가급적 무관한 말을 가져와서 그 돌발적인 느낌을 강조하는 경우도 있다. 또 어떤 때는 '사'로 시작되는 관용 문구를 원하거나 '비카××'라는 말은 없을까? 이런 식으로 생각하고 적당한 게 떠오르지 않으면 사전을 찾아보기도 한다.

이것은 리듬감 있는 것을 원한다, 의미가 날아다니는 게 좋다는 식의 추상적인 욕구를 토대로 하는 문장 쓰기라고 말할 수 있다. 또한 '왠지 평범한 것에서 벗어나고 싶다'거나 '그냥 불온한 공기가 감돌도록 하자'는 기분도 있다. 이런 '느낌'이 처음에 있는데 이게 가장 우선이 되는 토대다. 그 토대가 탄탄하다면 도중에 불안정해지지는 않는다. 그 위에 구체적인 장식을 꾸미기만 하면 되는 편안한 작업, 그것이 집필이다.

세부적인 장식은 처음의 이미지를 숨기지만 의외로 독자에게 전해진다는 사실도 알았다. 우리 인간은 꽤 비슷한 감성을 가지고 있는 것 같다. 우리는 많든 적든 '추상화하는 능력'이 있기 때문이다.

단지 소설을 많이 읽는 소위 독자 대다수는 굳이 말한다면 스토리나 등장인물 등의 구체적인 것과 접하려는 사람들로 읽는 가운데 그 세계에 자신이 있는 양 생각하기보다는 오히려 몸을 맡기는 유사체험을 원한다.

　소설은 매우 구체적인 이야기다. 활자를 좇다 보면 어떤 인물을 통해 시간이 흐른다. 실제로 체험하는 양 시간이 지나 서서히 보이거나 새로운 것을 알게 되거나 혹은 속거나 놀라기도 한다. 단지 '몸을 맡긴다'는 의미는 자신의 판단이 영향을 미치지 않는다는 것이다. 게임이 이 부족한 부분을 일부 보완한다. 그러나 할 수 있는 건 '발상'이 아니라 단순한 '선택'에 지나지 않아서 소설이든 게임이든 기본적으로는 거의 비슷한 수준의 체험이다.

　단, 그저 소설을 쓰는 입장은 진짜로 '체험'한다는 것이다. 거기에는 자신의 발상과 판단이 있고 현실에 가까운 즐거움과 놀라움도 있다. 분명히 말해 읽기보다는 글을 쓰는 게 몇백 배는 재미있다고 할 수 있다.

'물건을 만드는' 체험

인생은 '자신'밖에는 경험할 수 없는데, 소설을 쓰면 '다른 사람'을 경험할 수 있다. 현실에서 자신이 체험하는 것에 비하면 꽤 옅은 체험이라는 것은 부정할 수 없지만, 그래도 몇 작품의 소설을 쓰는 가운데 '인생을 두 배로 즐긴다'는 문구를 띠지에 넣어도 충분히 허용할 만큼은 되었다.

실은 소설 이외의 것에서도 이런 체험이 있다. 새로운 것에 도전하면 어디서든 새로운 인생이 있고 그럭저럭 즐거운 체험이 된다. 중요한 것은 타인이 마련한 것을 그저 받아들이는 게 아니라 자신의 발상으로 해나갈 수 있어야 한다는 것이다. 그것이 조건이다. 다소 추상적일 수 있지만 가장 간단한 말로 표현하면, 그것은 '창조하는' 것이다. '만드는' 것이라고 해도 좋지만 설계도나 조립 설명서가 있는 키트로는 발상을 체험할 수 없다. 복잡하고 어려운 키트라도 고작 '추리'와 '해석'이 있을 뿐이다.

물건을 만들 때에는 먼저 무엇을 만들지를 생각한다. 만들고 싶은 마음이 있어도 만들고 싶은 것이 있다고 단정할 수 없다. 이것이 추상적인 지향이다. 오히려 만들고 싶은 마음이 크지는 않지만 만들고 싶은(가능하면 다른 사람이 만들어주면 좋을 것 같다) 것이 있는 게 구체적인 지향이다. 전자가 바람직한 상태다. 예술가는 대개가 이런 성향이고, 연구자도 명확히 전자에 해당한다(여하튼 만들고 싶은 게 무엇인지 모르는 게 진짜 연구다).

그렇다고 '무엇인가를 만들라'고 말하는 건 아니다. 만들고 싶다고 스스로 생각하지 않는다면 의미가 없다. 본디 강요받는 것은 즐겁지 않다.

'방법'에 매달리지 않는다

보통 일하는 사람에게 자유시간은 그다지 많지 않다. 학업이나 일 외에도 교우 관계를 가져야 하고 가족을 위해 집안일을 해야 한다. 그 외에도 여러 가지 피할 수 없는 해야 할 일들이 잔뜩 있다. 자신의 생활을 향상시키고 싶다, 어떻게든 즐거움을 늘리고 싶다, 이런 추상적인 마음을 가져도 구체적으로 행동할 수 있는 시간이 없다. 그렇듯 '시간'이라는 것은 매우 구체적이다. 길이, 무게, 힘처럼 숫자로 표현할 수 있고 만인에게 공통하는 기준 중 하나다. 간단히 길게 늘일 수도 짧게 자를 수도 없다. 매우 절실한 구체적인 문제, 그것이 시간이다.

그런 한정된 시간 속에서 자신을 압박해오는 잡다한 일들을 잘 관찰해보자. 정말로 필요한 것인지를 생각해본다. 그저 그 일들을 하는데 무심코 시간을 보내고 있는 것은 아닌지. 그저 단순하게 '당연하니까' '다들 하는 거니까' '안 하면 찜찜하니까' '여태 해오던 거니까' '거절하기도 뭣해서'라는 아무래도 좋은 이유만 있는 것에 얽매여 있는 것일지도 모른다.

만일 '좀 더 즐겁게 살고 싶다'는 마음이 강하다면 어떻게든 시간을 만들어야 한다. 방법이 무엇이든 상관없다. 각자가 할 수 있는 범위에서 어떻게든 시간을 짜낼 수밖에 없다. '어떻게든 된다'고 말해도 과히 거짓은 아니다. 구체적인 것에서 벗어난다, 그 방법이 구체적으로는 재미없을지 모르지만 이 것만큼은 각자가 구체적으로 검토하는 수밖에 없다. 단, 즐거 운 것을 추구할 때 즐겁지 않은 방법으로는 이도 저도 안 되는 경우도 있다.

따라서 '이렇게 하자'는 방법에 의지하지 않는 게 중요하 다. 인간은 먼 곳에 목표가 보이지만 눈앞에 길이 있으면 방향 이 달라도 지금은 이 길로 가는 수밖에 없다고 생각한다. 그러 는 가운데 발아래 길만을 보고 나아가게 된다. 구체적인 방법 이 주어지면 그 방법에 얽매여 목표를 잃어버리게 된다. 적당 한 작업에 몰두함으로써 거기서 작은 안도감을 얻는다. 그것 도 작으나마 즐거움일 테지만, 그것에 의해 더 큰 진짜 즐거움 을 놓치고 만다. 이 사실을 잘 알면서도 우리 인간은 무심코 가까이에 있는 안심으로 도피하는 경향이 있다.

구체적인 방법일수록 실은 이상하다

여하튼 세상에는 구체적인 방법에 관한 정보로 가득하다. 이 처럼 엄청난 양의 정보가 존재할 수 있는 것은 결국 그 방법들 로 순조롭게 진행되지 않았기 때문이다. 만일 단 한 가지라도 확실히 잘 되었던 것이 있었다면 자연스럽게 다른 방법들은 도태되었을 것이다.

예컨대 이 책에서는 생각의 보폭을 키워 추상적으로 생각하는 게 좋다는 내용을 담고 있는데 한 권이라도 더 팔고 싶은 출판사는 띠지에 '발상력을 익히는 5가지 방법' 같은 문구를 넣을지도 모른다. 그런 문구에 현혹되는 독자가 많다는 걸 잘 알고 있기 때문이다.

그러나 '발상력'이나 '추상력'이라는 구체적인 능력을 나는 명확히 정의할 수 없다. 그런 능력이 어디서 나오는지도 모르고 무엇을 가져오는지조차도 애매하다. 그리고 그 능력을 익히는 방법도 알지 못한다. '이러는 게 좋다'는 제안도 매우 애매하게(추상적으로)밖에 할 수 없다.

독자 여러분이 몇 살인지, 어떤 처지에 있는지, 나는 모른다. 그런데 어째서 '이러는 게 여러분에게 좋다'고 구체적으로 쓸 수 있을까? 오히려 쓰는 게 이상하다.

인생의 즐거움은 각자가 다르고, 본래 '즐거움'이라는 개념조차 사람에 따라 다르다. 상식적으로 살고 아무 생각 없이 회사나 가족에 온 힘을 다하여 자신을 지우고 살아가는 게 즐거움이라고 말하는 사람도 분명 있다. 그런 사람에게는 이 책의 내용 자체가 터무니없이 우스꽝스럽고 장난스러운 사상으로밖에 보이지 않을 것이다(하지만 그런 사람이 이 책을 집어 들지는 않았을 것이다).

자신에게 맞다고 느끼는 사람만이 이 책에서 '어떤 힌트를

얻을 수 있지 않을까'를 자신의 머리로 생각해보자는 활력이
나 계기를 얻을 것이다. 이 책에는 고작 그런 기능밖에 하지
않는 콘텐츠가 담겨 있을 따름이다. 추상화하면 그렇게 된다.

삶을 사는 이유

그런데 좀 더 추상하면 결국 우리는 모두 즐거움을 위해 살고
있는 것 같다. 예컨대 의견이 대립하여 다투는 두 사람을 관찰
해보면 양쪽 다 자신의 이익을 고집하며 결코 양보하지 않는
다. 그것이 다툼의 근원이다. 다르기에 싸우는 게 아니라 같은
생각을 하고 있기에 다툰다.

생각해보면 인간과 돌은 대립하지 않는다. 그것은 인간과
돌이 상당히 다르기 때문이다. 인간과 개도 좀처럼 다투지 않
는다. 대립하는 것은 인간끼리다. 어린아이와 노인이 말싸움
을 하는 것도 드물다. 비슷한 사람들끼리 다툰다. 국가 간의
대립도 서로 비슷한 수준에 비슷한 생각을 하기에 비롯된다.

그런 식으로 상황을 추상해보면 실소가 나올지도 모른다.

영토문제도 '내 것이라고 여긴 것을 빼앗길 것 같아 욱하고
화가 났다. 서로 이런 생각을 똑같이 하다니, 결국 나와 너는
닮았구나'라고 미소 짓게 된다.

추상적으로 만드는 것에는 수준 같은 것이 있어서 추상의 정

도가 안경알을 교체하듯 시점을 높여준다. 지금 보고 있는 걸 조금 더 높은 곳에서 바라본다. 더 높은 후지산 정상에서, 저 멀리 떨어진 인공위성에서 그리고 태양계, 은하계라는 식으로 더 먼 곳에서 생각해본다. 그렇게 함으로써 자잘한 것이 보이지 않고 (아무래도 상관없다), 본질이 어디에 있는지 자연스럽게 생각이 미친다. 어쩌면 산 중 수도승이 추구하는 시점일 것이다.

인생은 오래 살아도 고작 백 년 밖에 되지 않는다. 좀 더 미래를 보면, 언제인가 지구는 태양에 먹혀 소멸될 것이다. 자신이 어떻게 살든 결국에는 모든 것이 무로 돌아간다. 그것은 확실하다.

한 인간에 주목해도 그 사람은 언제 죽을지 모른다. 나도 당신도 내일 살아 있으리라고 단언할 수 없다. 내일이라면 살아 있을 가능성이 크지만 그래도 언제인가는 죽는다. 이것은 틀림없는 사실이다. 그런 의미에서 모두의 미래는 확실히 보장되어 있다.

모든 것은 허무하다?

이처럼 생각의 보폭을 키워 대상을 추상적으로 보기 위해 객관성을 향상시켜 멀리 바라보면 '모든 것은 허무할' 따름이라고 말하는 사람도 있다. 그 말처럼 허무하기 그지없다. 그러나

'허무하기에 생각하지 않는다'는 이유는 좀 이상하다. 아마 '허무한 것은 나쁘다'고 믿고 있기 때문일 것이다.

일본에는 그런 허무함을 즐기는 문화가 있다. 인생의 목적은 '허무함을 아는 것'이라고 해도 좋다. 추구해야 하는 것이지 꺼리고 피해야 할 대상이 아니다.

인생을 즐기기 위해서는 그런 허무와 친밀해지고 내일 죽을 듯 나날을 행동한다. 또한 영원히 살아갈 듯 미래를 상상하고 생각한다. 구체적으로 누가 어떤 식으로 말했는지는 잘 기억하지 못하지만, 어떤 위대한 사상가도 이와 비슷한 말을 했다.

결국 어쩌면 내일 죽을지도 모른다고 생각하는 사람은 '만일 영원히 살 수 있다면……'을 상상할 수 있다. 생각의 보폭을 키우면 이렇듯 그 자신이 가진 인간으로서의 '크기'를 키우고 그것이 곧 '기량'이 된다.

중요하지 않은 일에 치여
바삐 살고 있지 않은지……

내가 '가능한 한 구속받지 말자'고 다짐한 지 20년이라는 세월이 흘렀다. 이 동안 나의 인생은 크게 변했다. 국립대학의 교수였지만 그 일에도 구속받지 않았고, 내가 사는 지역이나 국가에도 구속받지 않았다. 친척이나 가족에 얽매여 살지 않았지만 지금 혼자가 아니다. 이렇듯 자유로이 살아가는 나의 곁에 가족이 있어 주었다.

일례로 나는 어느 해인가부터 연하장을 보내지 않았다. 그 때까지 매해 수백 장의 연하장을 보냈다. 그러나 무엇 때문에 이 일을 하는지, 나의 인생과 무슨 관계가 있는지를 생각했고 단호히 그만두기로 했다. 그만큼 나는 시간을 얻었다. 물론 잃어버린 것도 있을 테지만 문제는 일어나지 않았다.

이런 아무래도 좋은 작은 일들은 끝도 없다. 여하튼 자질구레한 일이 너무 많았고 나는 그것을 한 가지씩 정리했다. 현대를 사는 우리는 '바쁘다'는 말을 입에 달고 산다. 젊은 사람은 물론 어린아이들까지 그렇다. 바쁜 게 좋다고 생각하는 사람도 많은 것을 보면 분명 기본적인 데서 무언가가 잘못되어 있는 것 같다.

나는 아무래도 좋아하는 일이지만 중요하지 않은 일을 단호히 그만두기로 했다. 그러기 위해서는 여러 가지 방법을 떠올려야 했고 일시적으로 어려움이 동반되기도 했다. 그러나 점차 시간이 늘었고 결과적으로 나는 자유로워졌다.

자유를 위해 일한다

연구자로 있을 때는 여하튼 무턱대고 일했다. 하지만 '무턱대고' 일한다는 느낌은 없었다. 사실 일한다는 의식조차 하지 못했다. 그런데 훗날 객관적으로 그 당시를 돌아보니 몹시 이상하고 위태로운 나날을 보내고 있었다는 것을 알게 되었다. 그런 습관 때문일까? 소설가로서 소설을 집필하면서도 의뢰받은 대로 순순히 썼다. 사실 나서서 '이런 것을 써도 될까?'라고 먼저 제시한 적도 없다. 모든 것은 출판사의 의뢰에 따른 결과다. 연구할 때처럼 상당히 집중하여 작품을 썼다. 덕분에 나는 '다작多作'하는 작가가 되었다. 훗날 불현듯 나 자신을 돌아보니 그랬다.

사실 폭발적으로 팔린 책은 한 권도 없었지만, 모든 작품이 그런대로 (특히 발행 후 몇 년간) 팔렸고 단기간에 많은 작품을 썼기에 인세로 큰 수입이 들어왔다. 그렇게 모인 돈은 평생을 써도 남을 정도였다.

그래서 연구직에서도 소설을 쓰는 일에서도 은퇴할 수 있었다. 이것은 불과 몇 년 전의 일로 내 나이 쉰하나였을 때였다. 물론 그 후에도 개인적으로 연구는 계속하고 있다. 특히 현역 연구자로 있던 시절에 할 수 없던 타 분야의 여러 공부를 시작하여 계산이나 실험을 한다. 또한 책은 쓰기로 약속한 것을 드문드문 쓰고 있다. 과거 내가 신세 진 편집자가 부탁한 원고는 가능하다면 쓰려고 한다(이 책 역시도 그렇다). 연구도 작품도 취미처럼 즐기며 하고 있다. 나 스스로는 일로 인식하지 않아서 하루에 기껏해야 1시간 정도밖에 하지 않는다. 그 이상으로 집필할 체력도 없어서 좀 무리하면 현역으로 일하던 시절과 그다지 차이가 없다(소설가로서 왕성히 활동하던 시기에도 하루 3시간 정도 일했다).

:

실현된 '바쁘지 않은' 나날

그렇다면 매일 무엇을 하며 지낼까?

나는 매일 아침 6시에 일어난다. 그리고 아내와 개 두 마리를 데리고 산책하러 나간다. 돌아오면 커피나 홍차에 우유를 넣어 마신다. 때때로 빵이나 과자도 먹는다. 그 후에는 정원에 나가 청소를 하거나 잡초를 뽑거나 낙엽을 치우거나 씨앗을 뿌리거나 묘목을 심거나 물을 주거나 잔디를 깎거나 떨어진 나뭇가지나 쓰레기를 소각로에서 태우는 등의 정원 일gardening을 한다. 이것으로 대개 오전이 끝난다. 그 뒤에는 작업실이나 차고에서 무엇인가를 만든다. 이 일을 하면서 저녁까지 시간을 보낸다. 평균적으로 정원 일과 무엇인가를 만드는 데 매일 5시간씩을 분배하는데, 도중에 여러 차례 쉬는 시간까지 포함한다.

이후 자동차를 몰고 아내와 함께 장을 보러 간다. 대략 1시간 정도 걸리는데 이러면 거지반 저녁 6시가 된다. 물론 비가 내리면 정원 일은 할 수 없다. 그 대신에 무언가를 만드는 데

할애한다. 물론 그 반대의 일도 있다. 내가 사는 지역은 겨울철이 매우 춥다. 눈은 적게 내리지만 기온이 영하 20도까지 내려간다. 따라서 겨울철에는 대개 작업실에 틀어박혀 지낸다. 그 4개월 동안은 개 산책과 장보기 외에는 거의 외출하지 않는다.

여행을 가는 일도 거의 없다. TV도 영화도 보지 않고 책도 전문서나 잡지를 읽는 정도다(소설은 읽지 않는다). 음악은 작업할 때만 듣는다.

7시 무렵에 저녁 식사를 하고 나면 다시 가볍게 무언가를 만든다. 이때는 내일을 위한 사전 준비 작업으로 대개 도면 그리기나 재료에 치수를 재고 선을 긋는데, 대략 1시간이 걸린다. 그 뒤에는 연구를 한다. 구체적으로 조사하거나 문헌을 읽는 작업으로 역시 준비 작업에 지나지 않는다. 9시 무렵에 목욕을 하고 나서 잡지를 읽으며 느긋한 시간을 보내면 10시가 되는데, 그 뒤에 1시간 동안 출판 관련 일을 한다. 원고를 쓰거나 교정지를 읽는 작업이다. 그리고 11시에 잠자리에 든다. 누워서 15분쯤 영어 잡지를 읽는데, 영어에 약한 탓에 읽는 동안에 수마가 몰려와 불을 끄게 된다. 수면시간은 대략 7시간이다.

:

자유는 역동적이고 흥미롭다

거의 매일 이것을 반복한다. 다른 것이 하고 싶었던 적은 없다. 구체적인 것을 바꿀 필요는 없다. 매일 생각하는 게 다르고 흥미도 차츰 다른 데로 옮겨간다. 지금은 인터넷으로 세상 어느 곳에 있는 정보든 손쉽게 얻을 수 있다. 생각은 자유롭고 늘 생동감에 넘친다. 그러나 구체적인 (육체의) 생활은 검소하고 변화가 없어도 상관없다. 오히려 그러는 게 건강을 유지하는 데 도움이 된다. 그리고 건강은 우리의 생각을 지탱하는 데 없어서는 안 된다.

이런 삶이 모든 사람에게 즐거울 것이라고 장담할 수는 없다. 그러나 나는 여기에 이르러 있다. 과거 어느 시절을 떠올려도 지금보다 즐거웠던 시절은 없었다. 지금이 가장 즐겁고, 나날이 흥미롭다. 아침에 눈을 떠 오늘 할 일을 떠올리기만 해도 즐거움에 침대에서 벌떡 일어날 만큼 흥분된다. 또한 잠들기 전 실내등을 끌 때도 내일에 대한 기대감으로 눈을 감으면서 이대로 숨을 거둬도 후회가 없을 만큼 즐거운 하루였다고 회상한다.

내가 만드는 것 중에는 몇 년이 걸리는 프로젝트도 있다. 이것을 조금씩, 조금씩 진행한다. 자칫 죽으면 그것은 미완으로 끝나지만 그 경우에도 나는 '애석한' 마음을 가지지 않을 것이다. 건강이 나빠져 더는 아무것도 만들지 못하게 되고 그대로 죽을지 몰라도 '속상한' 마음을 가지지 않을 것이다. '지금'이라는 시간을 즐기며 살기에 나는 매일매일 본전을 뽑고 있으니 말이다.

이렇듯 즐거운 나날을 살아가도 될까? 혹시 벌 받는 것은 아닐까? 뭐, 이런 죄의식 같은 것은 솔직히 눈곱만큼도 하지 않는다.

생각의 보폭이 우리를 이끌어준다

세상에는 자신의 생각대로 살아가지 못하는 사람이 많은 것 같다. 진짜 그런지는 잘 모르겠지만, 아마도 '하루하루가 즐겁다' '이런 행복도 없다'는 식으로 말하는 사람은 극히 소수에 불과하다.

어디서 이런 차이가 나오는 것일까? 그것은 운이나 수입 같은 것이 아니라 궁극적으로 그 사람의 사고방식에 의한다. 어떻게 생각하는가? 그것이 기본 중 기본이다. 따라서 현실에서 어떤 상황이든 육체가 어떤 상태에 있든 생각은 늘 자유롭기에 즐거울 수 있다. 단, 현실이나 구체적인 것에 구속되어 자유롭지 못한 삶을 강요받는다. 그 사실을 알아차리는 것만으로 돌연 마음이 홀가분해진다.

추상적 사고의 최종 목적은 자기 자신을 자유롭게 하는 것이다. 따라서 '~와 같은'이라는 부분이 중요하다.

제5장

생각의 정원을 만든다

문제란 구체적인 것

제4장에서는 '추상적으로 생각하면 즐겁다'고 이야기했는데 추상적인 탓에 좀처럼 이해하지 못했을지도 모른다. 다시 말하지만, '이해할 수 없는' 상태는 결코 나쁘지 않다. '어렴풋이 알 것 같다'는 말을 흔히 듣지만 세상의 일반 사람들의 이해라는 것은 이 정도의 수준이다. 반면 '완벽하게 이해했다'고 말하는 사람도 있다. 아무렇지 않게 이렇게 말하지만 사람에 따라서는 그 정의는 꽤 다르다.

차후에 말하겠지만 '이해한다'는 것을 현대사회는 매우 중시한다. 이 말에 너무도 얽매여 있다.

대다수의 사람은 과거에도 현재도 현실 속에서 구체적인 문제를 안고 살아가고 있다. '산다'는 것은 이미 구체적이라서 그리 간단히 잘라낼 수 없다. 구체적인 것을 깡그리 무시해버리면 폐인처럼 된다.

'구체적인 문제'라고 썼는데, 문제란 일반적으로 지극히 구체적이다. 추상적인 문제는 철학자나 수학자만이 가진다. 추상적으로 고민하는 건 일반인에게 어렵다. 누구에게든 고민이라는 것은 눈앞에 있는 구체적인 장해다.

나는 수학자도 철학자도 아닌 공학자였다. 공학은 학문 중에서 지극히 구체적이고 현실적인 문제를 다룬다.

연구 성과란 문제를 해결하기 위한 구체적인 대책을 찾아내는 것이다. 수수께끼를 밝히기보다 지금 어떻게 대처하면 좋은지를 우선한다. 그것은 의학도 마찬가지다. 따라서 구체적인 해결책이 얼마나 중요한지에 대해서는 충분히 인식하고 있다.

여기까지 이 책을 읽은 사람은 '추상은 결국 자신의 마음의 문제로, 이를테면 눈앞에 놓인 문제에서 도피하여 변명을 늘어놓고 껍질 속에 갇혀 자기만족에 그치는 것이 아닌가'라고 착각하는 사람도 있을 것이다. 이것은 명백한 오해이지만 그처럼 오해받는 것 역시 '추상적'이라는 말이 오인되고 있기 때문이다.

⋮

발상 뒤에는 논리적 사고가 필요하다

분명히 말해두고 싶은 것은 추상적인 시점과 추상적인 사고는 처음 발상하는 단계에서 활용하는 것으로, 그것만으로는 문제를 해결할 수 없다는 사실이다. 발상이 떠오른 뒤에는 논리적인 사고 또는 계산이나 실험에 의한 검증, 나아가 구체적인 대책이 계획되어야 한다. 이 시점에서 마침내 현실에 사용할 수 있는 '방법'에 이른다. 이 단계에서는 현실성을 띠지 않으면 안 된다. 그리고 그러기 위해서는 구체적인 행동을 할 필요가 있다.

그 행동 과정에서 때때로 작은 발상이 필요하다. 예기치 않은 문제도 여러 가지 발생하기에 그때마다 추상적인 사고로 돌아가 발상하고 논리적 사고와 계산으로 방법을 수정해야 한다.

생각한 뒤에는 구체적인 행동이 필요하다

문제를 해결하는 행위는 대개 최종적으로는 구체적이다. 대부분의 시간이나 노력이 구체적인 활동에 할당된다. 행동이 뒤따르지 않는 발상은 대개의 사람에게 의미가 없다. 이미 재능을 인정받은 천재나 성공하여 리더가 된 사람이라면 작게 속삭이기만 해도 주위 사람들이 알아서 대신하여 행동해줄지 모른다. 하지만 평범한 사람들은 그래 줄 사람이라고는 오직 자신뿐이다.

요컨대 추상적인 사고는 논리적인 사고 · 구체적인 행동과 하나가 되지 않으면 문제를 해결할 수 없다. 이들 세 가지 중에서 추상적인 사고만이 방법을 동반하고 있지 않아서 가르치기도 배우기도 전하기도 어렵다. 따라서 대다수 사람이 서툴다. 그런 상황에서 생각의 보폭을 키워 '추상적으로 생각하는 것이 중요하다'는 이 책의 주제가 드러난다.

:

논리적인 사고로는 풀 수 없는 문제가 있다

논리적인 사고는 말하자면, 구체적으로 생각하는 것이다. 이 것은 학교에서 배우기도 한다. 진지하게 배우면 대개의 사람이 익힌다. 이를테면 산수의 계산법 같은 것이 논리적인 사고다. 수학에 약한 인문계 사람도 계산이라면 얼마든지 할 수 있다.

내가 늘 생각한 것은 인문계든 이과계든 논리적이라는 것이다. 그럼에도 불과하고 인문계 사람은 자주 '이과계 사람은 논리적으로밖에 생각하지 않는다'고 말한다. 아마 수학은 논리적이라고 착각하는 것 같다.

수학에는 논리적인 부분이 있다. 또 계산도 논리도 구체적이지만 이상적인 조건 아래서의 이야기라서 실제 사회와는 거리가 멀다. 이 때문에 추상적으로 보인다. 어떤 것에 도움이 될지 많은 사람들이 구체적으로 알지 못한다.

그런데 일례로 시험 문제를 생각해보자. '발상'이 필요한 과목은 오직 수학뿐이다. 논리적으로 생각하여 이해하는 문제라면 더 많은 사람이 풀 수 있을 테지만 처음에 어떻게 다루면 좋을지 그 부분이 보이지 않는다. 추상적인 사고가 서툴다면 감당할 수 없다. 그런데 수학 선생님은 '논리적으로 생각하라'고 말한다. 그 결과로서 '내게는 논리적인 사고력이 부족한 것 같다'고 믿는 사람이 많은 게 아닐까?

이것은 흡사 퀴즈나 수수께끼처럼 다소 비꼰 문제 같다. '재미있는 문제'는 논리적인 해법만으로 정답에 이르지 못하는 유형으로 어떤 발상이 필요하다.

발상만으로 풀 수 있는 문제도 드물다

'생각한다'는 행위는 논리적으로 해결에 이르는 것이라고 알고 있다면 그것은 오해다. 아마 대다수 사람들이 '발상'과 '깨우침'을 '논리적인 사고'와 명확하게 구별하여 인식하지 않고 있다. 우리의 뇌는 발상할 때의 사고와 논리를 이끌어내는 사고를 할 때는 전혀 다른 부분을 사용하고 있다. 따라서 기어를 바꾸는 듯이 '이쪽으로 가자'며 '머리를 전환'할 필요가 있다.

예컨대 논리적인 사고는 대상에 집중하여 곁눈질도 하지 않고 앞만 보고 곧장 나아가는 느낌이지만, 발상은 '얼마만큼 곁눈질을 하는지'가 중요하다. 이것은 분명 집중과는 반대되는 두뇌 사용법이다.

단, 어느 분야든 발상만으로 답에 이르는 문제는 극히 드물다. 이처럼 유연한 발상을 이끌어내어 풀어야 하는 문제를

'우아한 문제'라고 하는데, 내가 경험한 범위에서는 몇 개밖에 없다. 그만큼 문제를 만들기도 어렵다. 여하튼 과거에 비슷한 문제가 있었다면 곧 풀 수 있다. 발상은 재사용할 수 없기 때문이다.

발상은 문제를 푸는 열쇠로 수학이나 퀴즈를 좋아하는 사람은 단 한 번이라도 그 열쇠로 문을 열었다면 그 경험은 평생토록 잊지 못한다. 그만큼 열쇠를 발상했을 때의 인상은 강렬하다. 그리고 어린아이가 청년이 되는 시기에 연거푸 새로운 열쇠를 발견하는 가운데 감동할 수 있는 멋진 열쇠와 만나게 된다. 이제까지 알던 열쇠를 여러 개 조합시킨 듯한 문제밖에는 남지 않기 때문이다.

발상은 필요하지만 화들짝 놀랄 새로운 열쇠는 없어서 가지고 있는 열쇠로 순서대로 문을 여는 정도의 도전이다. 이런 정도의 수학 문제나 퀴즈는 흥미롭지 않다. 보통 시험에 나오는 수학 문제가 이 정도의 수준이다. 이 문제로 만족하지 못하는 사람은 전문으로 수학을 공부하고 보다 수준 높은 '연구'를 해야만 할 것이다.

한편 퀴즈에 대해서는 거의 새로운 발상을 필요로 하는 문제는 없다고 봐도 좋다. 십 년에 한 번쯤 어느 천재가 떠올리지만 순식간에 세상에 널리 퍼져나가 문제 자체를 모르는 사람이 없어지면 돌연 매력을 잃는다.

발상과 논리적 사고의 균형

이런 까닭으로 우아한 문제를 제외하면 보통 문제를 해결하는 건 발상뿐 아니라 논리적 사고가 반드시 필요하다. 이 논리적 사고에 관해서는 많은 책들이 출간되어 있다. 대개 초보 수준의 논리수법을 소개하는데, 실용적인 차원에서 이것만으로도 충분하다. 초보적인 규칙을 이해한 뒤에 논리수법을 적용하기만 하면 되고, 익숙해지면 비교적 누구든 간단히 논리적으로 생각할 수 있다.

사회에서도 일에서도 논리적 사고로 대개의 문제를 해결할 수 있다. 대부분의 문제는 이것으로 충분하다. 그러나 때때로 남다른 발상을 가진 사람이 단숨에 앞설 때가 있다. 그 차이가 의외로 크게 보이는 것은 자본주의 사회에서 경제적인 성공으로 이어지는 경우가 많기 때문이다.

하지만 이 때에도 발상하는 것뿐 아니라 그것을 이용하는 구체적인 판단력이라는 현실적인 감각이 필요하다. 발상하는 천재가 기필코 억만장자가 되는 것은 아니지만, 발상과 계산을 균형적으로 가진 사람은 성공한다.

구체적으로, 지금 해야 할 일은 무엇일까?

젊은 사람들은 그런 성공한 사람을 동경하여 그들이 살아간 길을 따르는 것으로 자신도 그러한 인생을 살아가려고 한다. 정말이지 솔직한 감각이다. 만일 '의지'가 강하다면 반드시 자신에게 어떤 영향을 미칠 것이다. 그 사람이 본디 가지고 있는 잠재력에 의하여 성공할 확률은 높다. 그러나 반드시 큰 성공을 얻을 수 있는 건 아니다.

　여러 가지 일에 도전해도 생각처럼 잘되지 않는다는 사실을 돌연 알아차린다. 그리고 자신이 목표로 하는 것이 너무 크지는 않은지, 자신은 다다를 수 없는 무리인 목표인지, 지금 하는 것에 무엇이 문제인지를 망설이고 고민한다.

　여기서 구체적인 사례를 한 가지 들어보고 싶다. 구체적인 사례를 들면 여기에 구속될 우려가 있어서 가급적이면 피하고 싶지만, 이 정도라면 문제 될 것이 없을 것 같아서 소개한다.

정원 일에서 떠올린 것

나는 일에서 은퇴한 탓에 정말이지 한가한 사람이 되었다. 속세를 떠난 사람이라고 해도 좋을 정도다. 매일 후줄근한 차림으로 정원을 서성인다. 지나가는 사람이 이런 내 모습을 본다면, 십중팔구 '이 집 정원사구나!' 하고 생각할 것이다. 이웃이 보면 '부모의 재산으로 우아하게 사는 금수저'쯤으로 비칠지 모른다. 여하튼 나는 정원에서 몇 시간이고 땅바닥을 보고 잡초를 하나하나 손으로 뽑고 돌멩이를 골라낸다. 가을에는 엄청난 양의 나뭇잎이 떨어져 혼자 낙엽을 모아 소각한다. 내가 관리하는 부분은 극히 일부로 정원의 총면적은 5천 제곱미터(0.5헥타르, 약 1,500평)로 매일 부지런히 일해도 태부족하다.

이곳으로 이사 오기 전에도 정원을 가꿨다. 정원 일에 빠진 지 어언 10년쯤 되는데, 이전에는 전혀 흥미를 느끼지 못했다.

처음에 영국식 정원에 관한 책을 읽고 '이런 정원이 좋다'며 동경했다. 그래서 돈을 들여 정원사를 고용하여 영국식 정원으로 꾸몄다(그때 정원의 총면적은 기껏 300평이었다). 1천만 엔이 넘는 돈을 들여서 완성시킨 정원은 분명 멋졌고, 굉장히 아름다웠다.

그래서 한때 만족감을 맛봤다. 그런데 그것을 유지하는 게 힘들었다. 잔디는 첫해가 가장 예뻤고 점차 시들어갔다. 물을 줘도 비료를 줘도 소용이 없었다. 정원을 어떻게 가꿔야 하는지 아무것도 몰랐으니 당연하다. 게다가 정원 일을 할 만큼 한가하지 않았다. 잡초는 무성해졌고 내가 아끼는 식물들은 생기를 잃었다. 잡지에서 봤던 영국식 정원과는 비슷하지도 않왔다. 그렇게 여러 해를 보냈다.

지금 살고 있는 집으로 이사한 것은 일에서 은퇴한 뒤다. 필연적으로 시간이 충분히 있었고 정원에 나가서 할 일은 없는지 찾았다. 기후가 좋은 탓도 있지만(한여름에도 25도밖에 되지 않는다), 정원에 있는 것만으로 충분히 기분이 좋았다. 본래 나는 실내에 있는 걸 더 좋아하는 사람이어서 태양 아래 이토록 오랜 시간 있어 본 적이 없었다(물론 원격조종 비행기를 날릴 때는 예외였다).

이렇게 멍하니 정원을 거닐고 눈길이 닿는 잡초를 뽑고 여기에 어떤 식물이 있으면 좋을지를 생각하고 씨앗을 뿌렸다. 구체적으로 정원을 이렇게 만들자는 명확한 비전 같은 건 없었다. 디자인을 한 적도 없고 계획을 세워본 적도 없다. 이번에는 정원사에게 부탁하지도 않고 전부 내 힘으로, 결국 나와 아내 둘이서 꼼지락꼼지락 부지런히 일했을 뿐이다.

그저 매일 정원을 바라보고 땅을 보고 풀과 나무를 보며 거닐고 동물이나 벌레를 관찰하는 동안에 조금씩 알게 된 것을 실행에 옮겼을 뿐이다. 점차 아는 게 많아져 얼마든지 할 일을 찾을 수 있었다.

그런지 2년 반이 되었을 무렵 놀라운 일이 있었다. '여기서 보니 마치 영국의 어느 정원 같다'는 장면과 마주한 것이다. 나뭇잎 사이로 햇살이 화단이나 잔디를 비추고 이름도 모르지만 잡초가 너무도 멋스러워 '조금 남겨두자'며 내버려 둔 것이 무성히 자라 수많은 작은 꽃을 피운 그런 풍경이었다.

⋮

자신의 정원을 가꾼다

어째서 이렇게 되었을지 반복하여 생각해봤지만 간단히 설명할 수 있는 원인은 없었다. 그저 한 가지, 한 가지를 억지로 열거해보면 재작년에 심은 알뿌리거나 작년에 뿌린 씨앗, 봄부터 착실하게 잡초를 뽑은 것, 떨어져 검게 변한 낙엽이나 나뭇가지 같은 잡동사니를 부지런히 주운 결과다. 그렇다고밖에 말할 수 없다.

설계도를 그리고 그 상황을 만들려고 해도, 큰돈을 들여서 정원사가 매만져도 이 같은 풍경은 재현되지 못했을 것이다. 하물며 그 풍경이 스스로 '꽤 좋다'고 느끼는 것은 결국 내가 품을 팔고 시간을 보낸 탓에 감정이 몰입되었기 때문이다. 다른 사람들이 어떻게 볼지 잘 모르지만, 내 눈에는 아름답다. 그것으로 충분하다. 다른 사람을 위해 이 정원이 존재하는 것이 아니기 때문이다.

앞으로도 정원은 계속하여 변할 것이다. 과거부터 지금까지의 변화가 종합적으로 좋았다면 지금처럼 꾸준히 가꾸면 더욱 좋아질 것이라고 예측할 수 있다. 구체적으로 어떻게 될지는 알 수 없지만 추상적으로 '좀 더 나은' 정원이 될 것이라고 확신할 수 있다. 혼자 매일 몇 시간이고 살피고 일하기에 알 수 있다.

내가 사는 곳의 겨울은 혹독하여 10월 말이면 나뭇잎은 죄다 떨어진다. 초록이 완전히 사라진다. 앙상한 나무만 있을 뿐으로 황량한 땅이 되어버린다. 다행히 한차례 눈이 내리면 그것이 좀처럼 녹지 않아 오래도록 정원을 하얗게 덮는데 이것 또한 아름다운 풍경이다(특히 달밤이 환상적이다). 겨울 내내 영하의 날씨가 이어져서 눈이 녹아 지저분해지는 일도 없다.

이곳의 혹독한 겨울을 처음 보냈을 때는 솔직히 '정원 일은 참 허무하다'고 생각했다. 열심히 가꾼 모든 것이 무無로 돌아간다. 날이 풀려 따뜻해지면 똑같은 일을 다시금 해야 하는 걸까? 하고 한숨이 나왔다.

운 좋게 나의 최고의 취미는 무엇인가를 만드는 것이라서 겨울에는 작업실에 틀어박혀 즐거운 시간을 보낸다. 집안은 늘 따뜻하고 쾌적하다. 모처럼 정원 일에서 벗어나 마음껏 만들기에 심취했다.

그렇게 봄이 되어 따뜻해지면 다시 정원에 나간다. 겨울이 오래도록 이어지면 만들기가 아무리 즐거운 취미라도 좀 신물이 나기 때문이다. 인간에게는 기분전환이 필요하다. 계절이라는 게 있어 정말 다행이라고 생각한다. 이러한 계절의 반복이 있기에 그것에 적합한 생물로서 살아남은 건지도 모른다. 우리의 몸과 마음은 그런 변화에 적극적으로 대응하도록 만들어져 있다.

그렇게, 봄이 되어 다시 정원 일을 시작한다. 봄이라도 3월은 여전히 땅이 얼어 삽조차 들어가지 않는다. 따라서 4월 즈음부터 시작한다. 여기서 새로운 발견이 있다.

겨울 동안 말라죽었다고 생각했던 식물이 새싹을 틔우는 것이다. 결국 얼었던 땅에서도 식물은 살아있었던 것이다. 뜻밖의 일로 그것은 엄청난 기쁨이자 놀라움이었다. 그리고 그런 봄을 두어 차례 맞이하고 깨달은 사실은 '쓸데없는 일은 아무것도 없다' 그리고 '많든 적든 미래에 어떤 영향을 미친다'는 것이다.

어렴풋하게 생각하고 적당히 했던 일도 꾸준히 하다보면 전체로서는 '자신이 보는' 방향으로 변화하고, 하물며 그것들은 쌓이고 쌓여서 자신이 그리는 '세계'로 차츰 다가간다.

⋮

작은 일을 간과하지 않는다

낙엽은 청소하지 않고 내버려 둬도 된다. 언제인가는 썩어서 흙이 된다. 가을이 되어 낙엽 청소를 해봤자 다시 나뭇잎이 떨어질 테니 도로 아미타불이다. 이런 생각이 논리적인 사고일 것이다. 나도 그렇게 생각했다. 그런데 낙엽을 치우면 일시적이기는 해도 깨끗해진다. 게다가 낙엽을 치우는 일이 실제로는 힘들지 않고 재미있다는 걸 알았다. 낙엽을 어떤 식으로 치울지 곰곰이 생각하고 몸소 행동하여 개선해나가기에 그런 효율성의 향상 자체도 재미있다. 이것은 순전히 자기만족이다.

그런데 다음해 봄과 여름이 되니 낙엽을 치운 곳에서 많은 들풀이 돋았다. 순식간에 지면이 초록으로 뒤덮여 잔디처럼 깨끗해졌다. 일부에 낙엽이 남아 있던 장소가 있었기 때문에 비교할 수 있었다.

세찬 바람에 나무가 부러져 쓰러지면 그 옆에 있는 나무가 가지를 뻗기 시작해 잎을 틔운다. 자연은 실로 빈틈이 없다. 작은 것도 놓치지 않고 반드시 영향을 미친다.

머릿속에 자신만의 정원을 만든다

이것이 추상적인 사고와 일맥상통하는 구체적인 사례라는 생각이 들었다. 즉, 추상적으로 생각하는 것은 결국 그런 식으로 생각할 수 있는 머리, 재미있는 발상, 새로운 발견을 낳는 '장소'를 만드는 것이다. 그런 '장소'라는 것은 하루아침에 만들어지는 것이 아니다. 매일 매일 자신의 사고공간을 관찰하고 둘러보고 구체적인 잡초를 발견하면 꼽는 것이다. 이런 것이 있으면 좋겠다는 씨앗을 뿌리고 꾸준히 살핌으로써 점차 그리고 서서히 나타나는 것이 아닐까?

그런데 왜 '정원'일까?

머릿속에 만든 장소이니 돔구장도 좋고 고층빌딩도 피라미드도 좋지 않은가? 이런 의문을 가지는 사람도 있을 것이다. 인간의 두뇌가 생각하는 것은 그런 '인공적'인 것이다. 사실 '논리'도 인공적인 것으로 계산도 추론도 그러하다. 이것은 인간이 생각한 대로 된다. 결국 이상을 추구할 수 있다.

그런데 두뇌는 '자연'이지 인공물이 아니다. 따라서 자신의 생각대로 되지 않는 부분이 존재하기 마련이다. 여러 차례 언급한 '발상'은 그런 '자연'에서 나오는 것이기에 마음대로 되지 않는다. 머릿속에 있는 개인적인 것, 비교적 마음대로 할 수 있지만 그래도 '자연'이기에 결국 '정원'이다.

이것이 이 책을 쓰는 동안에 내가 떠올린 가장 가치 있는 발상이다. 결국 뛰어난 발상이라는 것은 자연에서 나온다. 생각대로 되지 않는 것은 인간의 머리가 낳은 인공의 논리에서 생기는 게 아니라 인간의 머리라는 자연 안에서 자라나는 것이기 때문이다. 따라서 정원 일이나 농사처럼 추상적 사고의 밭을 경작하고 거기에 씨앗을 뿌리는 수밖에 없다. 발상이란 그렇게 하여 수확하는 것이다.

정원 일에서 떠올린 것이지만 추상적인 사고가 이뤄지는 장소는 나의 '정원' 같다. 이미 우리는 각자 사고공간으로서 정원을 가지고 있다. 그곳은 기본적으로 다른 사람에게 방해 받지 않고 자신의 생각대로 가꿀 수 있다.

물론 쉬운 일은 아니다. 외부의 영향에 예민하고 날씨에도 크게 좌우된다. 그곳에서 자란 어느 나무가 지나치게 성장하 여 햇빛을 가려 다른 식물의 생장을 방해하기도 한다. 해충도 있을 테고 식물을 약하게 만드는 병도 있을 것이다. 그대로 방 치하면 곧 온통 잡초가 자라서 정원을 지배하게 될 것이다. 그 러면 이미 우울해져 결국에는 생각하는 게 성가신 머리가 되 어버린다.

'어떻게든 배우자'고 생각해도 단기간에 아름다운 정원과 같은 '생각하는 장소'가 만들어지는 건 아니다. 만일 가능했 다고 해도 조금만 방심해도 다시 황폐해져 본래의 상태로 돌 아가 꽤 고생하게 된다.

예컨대 '역전의 발상' 같은 책을 읽고 충분히 이해했다고 하여 그런 사고법을 가질 수 있는 것은 아니다.

배우는 방법, 생각하는 방법, 이런 구체적인 방법을 수없이 도입해도 그것은 그때뿐이다. 결국 전문 정원사가 만들어준 정원으로 자신이 직접 만든 것이 아니기에 차츰 아이디어는 시들고 토양은 야윈다. 매일 꾸준히 잡초를 뽑는(추상적으로 생각한다) 정원에는 당해낼 수 없다.

결국 자신의 힘으로 두뇌를 돌보지 않으면 새로운 발상, 뛰어난 아이디어를 낳는 토양은 만들 수 없고 유지조차도 어렵다.

⠇

스스로 자신을 성장시키는 수밖에 없다

이처럼 '기분 좋은 정원'을 머릿속에 가지고 있다는 것이 결국 '발상력'의 실체가 아닐까?

어떻게 하면 그것을 키울 수 있을까? 이에 대한 답은 매일매일 '이런 게 아니야' '저런 게 아니야'라며 꾸준히 탐구하는 방법밖에 없다.

이것을 교육에 살릴 수 없을까? 이에 대하여 깊이 생각해보았지만 '어렵다'는 결론에 이르렀다.

지식을 주입식으로 가르치는 교육을 개선하기 위하여 최근에는 '시각적' '체험적' '종합적'이라는 키워드로 커리큘럼을 짜고 있다. 아마도 그런 교재를 팔려고 하는 사람들에 의해 나온 것임을 충분히 상상할 수 있다. 그래서 요즘 아이들의 상상력은 키워졌을까? 예컨대 수학 수준은 높아졌을까?

만들기 체험을 통해 아이들은 호기심을 자극하고 만들기에 대한 즐거움을 일깨워준다는 것은 사실일지 모른다. 그런데 실제 교육현장을 보면 단순한 키트를 조립하는 정도다. 실험이라고 해도 순서는 이미 정해져 있고 위험한 일은 시키지 않는다.

자주적으로 조사하고 그것을 사람들 앞에서 발표하는 수업도 유행하는데, 내 눈에는 그저 아이들에게 어른 흉내를 시키는 것으로밖에 보이지 않는다.

인터넷을 하는 아이들이 늘어나기에 정보처리능력은 옛날에 비하면 월등히 향상되었다. 그러나 정보처리는 '생각하는' 것과는 별개다. 아이들은 그것을 오해하고 있다. 책에 나온 내용이나 인터넷으로 검색한 것을 복사하는 걸 '이해'라고 여긴다. 그런 정보에 접촉할 수 있는 게 '똑똑한' 것이라고 착각한다.

어떻게 하면 좋은가? 나도 그 방법은 모른다. 또 그런 방법이 있다고도 생각하지 않는다. 그래도 옛날처럼 무턱대고 어려운 계산이나 응용문제를 풀이하는 훈련은 적어도 두뇌 운동이 될 것이다. 이유도 모른 채 그저 수(數)라는 걸 머릿속에 이미지하고 계산하는 것만으로도 어느 날 불현듯이 추상적인 것이 떠오른다. 하기 싫은 공부를 꾹 참고하는 가운데 자기 나름의 '생각하는 방법'이 싹튼다. 처음에는 귀찮아 내키지 않은 마음으로 잡초를 뽑았는데 작업하는 가운데 자연히 자신이 좋아하는 스타일의 정원으로 변화해간다.

· ·
·

'즐겁게 배우는' 것은 환상

이 무렵 나는 '즐겁게 배우자'는 환상에 사로잡혀 있었던 것 같다. 분명 공부는 즐겁지 않다. 생각하는 것도 힘든 일이다. 느긋하게 긴장을 풀고 있을 때 아이디어를 떠올리는 것보다 바빠서 필사적으로 생각할 때 단연코 더 많은 아이디어가 떠오른다. 단지 바쁜 탓에 그것을 음미할 시간을 가지지 못해 놓치고 있을 뿐이다. 시험공부를 하고 있을 때, 시험 전날 밤에 문득 하고 싶은 일이 떠오르고 강하게 의욕이 샘솟았던 경험도 있을 것이다. 약간의 스트레스를 느끼는 가운데 우리의 두뇌는 재미있는 일을 떠올리고 실제로 쓸모 있는 아이디어가 나올 때도 많다. 술을 마시고 기분이 좋아있을 때는 유감스럽게도 아이디어가 떠오르지 않는다.

생각하는 것은 호흡을 멈추는 것처럼 힘들지만, 호흡을 멈추고 있어 발휘할 수 있는 힘이 있다. 100m 달리기 선수들은 출발선부터 결승선까지 호흡을 멈춘다. 따라서 그 같은 엄청난 속도를 이끌어낼 수 있다.

너무 힘들기만 하다면 하기 싫을 것이다. 완급緩急의 진폭이 사고를 자극하는 게 아닐까? 따라서 아이들에게 계산을 시키는 것은 아마 필요한 일이라고 상상할 수 있다. 주입식 교육도 그 지식에 의미가 있는 게 아니라, 지식을 익히는 행위, 머리를 사용하는 데 더 큰 가치가 있는 것이 아닐까? 그것은 흡사 괭이로 밭을 경작하는 것과 같다. 머리는 쓸수록 토양이 풍요로워진다. 문제는, 어떻게 씨앗을 뿌릴 것인가이다.

분명 요즘 아이들은 '즐거움'이라는 달콤한 호기심으로 자극하지 않으면 눈길도 주지 않는다. 다들 게임이나 애니메이션을 비롯하여 즐겁고 재미있는 일들을 너무 많이 알고 있어서 오히려 공부에 흥미를 가지는 것이 자연스럽지 못하다. 그러나 '왜 공부가 필요한지' 그 이유를 조금이라도 이해할 나이가 되면 설명해준다. 비록 힘이 들지만 참고 공부하면 장차 하고 싶은 일을 할 수 있다고 가르치면 된다. 겉치레의 즐거움으로 낚으려는 것은 얼렁뚱땅 속이려는 태도로 성실하지 못하다.

가능하다면 이른 단계에서 아이에게 다소 힘든 훈련을 시키는 게 좋다. 달리기는 달리고 있을 때는 힘들다. 그러나 달리기를 마친 뒤 해방감과 성취감을 맛볼 수 있다. 우리 인간은 그것을 느낄 수 있는 능력을 갖추고 있다. 밭을 경작하는 것은 귀찮기도 하고 힘도 들지만 자신이 좋아하는 식물의 씨앗을 뿌리고 거기서 싹이 틀 때의 기쁨을 맛보고자 한다.

예를 들어, 유치원에 다니던 무렵(혹은 좀 더 이른 시기)부터 계산 정도는 하는 것이 좋다. 말도 가르쳐야 한다. 어릴 때부터 혹독하게 훈련시켜 스스로 판단할 수 있게 된다면 오히려 자유로워진다. 고등학생쯤 되면 수업 같은 건 받지 않고 자습을 하면 되지 않을까? 이 같은 극단적인 방식으로 아이를 교육시킨다면 학력이 떨어질 것이라는 의견도 타당하다. 아마도 그럴 것이다. 하지만 여기서 말하는 학력이란 결국 대학 입시의 점수일 것이다.

생각의 보폭을 한 걸음 더 내딛자

여하튼 중요한 것은 한 마디로 '좀 더 생각하자'는 것이다. 이것이 생각의 보폭을 키워 추상적으로 생각하자는 이 책의 결론이다. 너무 간단해 '겨우 그거야?'라고 놀라지도 모른다.

그러나 무엇이든 조금 더 생각해보기를 바란다. 현실적으로 조금도 생각하지 않고 살아가는 사람이 너무 많기 때문이다. 주위를 둘러보고 자신이 어떻게 하면 좋을지를 선택하고 있을 뿐이지 생각하는 것처럼은 보이지 않는다. 간단히 선택지를 찾을 수 없는 조금 어려운 문제에 맞닥뜨리면 어떻게 하면 좋을지 다른 사람에게 묻거나 알아보는 사람이 많다. 그러나 좀처럼 자신의 머리로 생각하지 않는다.

이렇게 된 것은 학교 공부나 시험에서 '이해하지 못한' 상태가 '모르는' 것이 되어버리기 때문이다. 결국 공부한다는 것은 '지식을 아는' 것이다. 지식을 익힌다는 것이 학업이고 대상을 전부 이해하는 것이라고 믿는다.

분명히 지식을 물었을 때에 답을 떠올리지 못하면 '모른다'고 답한다. 그러나 대부분의 질문은 '그 지식을 아는가?'를 묻는 것이지 '이것을 이해했는가?'를 묻는 것이 아니다. 시험의 90%는 지식, 결국 정확히 기억하는지를 묻는다.

현대를 사는 많은 사람은 '모르는' 것을 불안해한다. 나도 올바른 정보를 얻었는지를 의심하고 진실이 아닐까 봐 두려워한다.

예를 들어 쓰나미로 엄청난 피해가 있었고 원자력발전에서 큰 사고가 발생한 이래 많은 사람이 불안을 느끼고 있다. 혹시 나는 모르고 있는 게 아닐까? 진실은 무엇일까? 진짜 이대로 괜찮은 걸까? 지금까지 믿고 있던 것이 하등의 도움이 되지 않는다는 사실이 밝혀졌다. 그러하다면 곤란하다. 따라서 누군가가 어떻게든 해주길 바란다. 그 누구란 '국가'일 것이다. 옛날이었다면 '신'이었을 것이다. 그러는 수밖에 없다.

냉정하게 차분히 생각해보길 바란다. 우리가 몰랐던 것은 쓰나미가 밀어닥치기 전, 원자력발전 사고가 일어나기 전의 일이다. 재해나 사고를 겪은 뒤에 우리는 진실을 알게 되었다.

정보는 증가하였기에 전보다 우리는 잘 알고 있다. 기술자나 전문가도 더 많은 것을 알게 되었다. 쓰나미에 대해서도 원자력발전 사고에 대해서도 알게 되었기에 앞으로 우리는 지금보다 더 충분히 대처할 수 있고 그러하기에 전보다 안전해질 것이다.

여기서, 문제는 사전에 '알아차리지 못한' 데 있다. 결국 쓰나미나 원자력발전은 괜찮은가? 그런 '발상'을 이제껏 가지지 않았다. 여기에 가장 큰 문제가 있는 것이다.

위험은 알면 막을 수 있다. 알고 난 뒤에 위험해지는 게 아니다. 그러나 알기 위해서는 위험을 체험하지 않으면 안 된다. 하지만 그래서는 때늦어 목숨이 위태로워지는 엄청난 위험도 있다. 그런 경우에는 어떤 가능성이 있는가, 무슨 일이 일어나는가, 그런 것을 상상하지 않으면 안 된다. 그럼에도 불구하고 생각지 못한 사태는 일어날 것이다. 상상을 초월한, 결국 예상치 못한 사태도 있다. 그러한 가능성이 있다는 것은 조금만 생각해도 알 수 있다.

'위험하다'는 발상

'위험할지도 모른다'는 발상을 하지 못한 것을 먼저 반성해야 한다. 여하튼 '절대 안전하다'는 말을 무턱대고 믿었다. 그러나 지금 '더는 믿을 수 없다'고 많은 사람들은 생각한다. 따라서 원자력발전을 반대하는 목소리가 커졌다.

'믿을 수 없다'는 것은 그만큼 배웠다는 증거로, 그것만으로도 안전을 향해 성큼 한 걸음 내디딘 것이다. 따라서 무엇이든 의심하고 철저히 생각하지 않으면 안 된다. 원자력발전을 반대하는 데 그치지 말고 화력 발전도 태양광 발전도 풍력 발전도 믿어서는 안 된다. 신칸센도 자동차도 V-22(미국 벨사와 보잉사가 제조한 항공기 – 역주)도 믿어서는 안 된다. 위험은 어디든 있다. 우리는 그러한 위험 속에서 살고 있다. '절대 안전'이 존재하지 않는다는 것은 조금만 생각해보면 알 수 있지 않을까?

단, 그 위험이 어느 정도인가를 가능한 한 자세히 조사하여 그것을 근거로 각자가 대처하는 수밖에 없다. 가능성이 큰 위험에서는 가능한 멀어지는 수밖에 없다. 확률이 낮은 위험은 운에 맡기고 허용하는 수밖에 없다. 태어나 이제까지 살아오는 가운데 우리는 위험에서 멀어지거나 운에 맡기고 위험을 허용하는 인생을 연속하여 살아왔다. 현대를 사는 사람들은 기적적으로 생존해왔다. 수많은 사람의 희생이 있었다는 것을 잊지 않고 기술자는 더욱 안전에 힘을 쏟는 수밖에 없다.

모른다는 불안

몰라서 불안해하는 사람은 많지만, 다들 진실을 모른다는 사실 정도는 알아두는 게 좋다. 전문가는 비교적 좀 더 많이 알고 있을 뿐이다. 그것은 과거의 데이터를 많이 아는 것에 지나지 않다. 미래의 일을 아는 것은 아니다. 따라서 실제로 앞으로 어떻게 될지 아는 사람은 단 한 사람도 없다. 그럼에도 '가르쳐달라' '분명히 설명해달라'고 채근한다. 이것도 자신의 머리로 생각하지 않고 그저 알려고만 하는 태도다. 조금만 자신의 머리로 생각해봐도 꽤 깊이 이해할 수 있는데 그것을 하지 않고 그저 알려고만 하기에 의심하게 되어 '모든 데이터를 공개하라'거나 '뭔가를 감추고 있는 것은 아닌가'라고 말한다.

여기에 '자신의 생각'은 믿을 수 없다고 말하는 사람도 많다. 자신은 전문가가 아니니 모른다고 말한다. 따라서 생각해봤자 소용없다는 마음을 가질 것이다. '생각한다'고 하는 수준에 이르지 못한다. 어쩌면 자신의 생각은 미덥지 못하다고 생각하는 것일지도 모른다.

앞서 쓰나미나 원자력발전을 예로 들었는데 어떤 사람은 그 말만으로도 감정적으로 되어버린다. 감정적인 행동은 사태를 개선하지 못한다. 중요한 것은 역시 각자가 철저히 생각하는 것이고, 그리고 냉정한 태도로 논쟁하는 것이다.

안다는 것에 동반되는 위험

아는 것도 중요하지만 아는 것에는 상당한 위험이 도사리고 있다. 수많은 정보에 간단히 접속할 수 있는 만큼 잘못된 정보가 증가하기 때문이다. 또한 분명한 정보원이 제공한 정보일지라도 그것이 진실이라는 보장은 없다.

그래서 많은 서적을 인용하여 누가 어디서 무슨 말을 했는지를 근거로서 대기도 하지만 그것들이 진실일까? 저자가 자신의 이야기를 들려주는 회고록조차도 솔직히 진실을 말한다고 볼 수 없다. 하물며 타인이 관찰한 정보는 그저 억측에 불과하다.

정보의 기본은 그것을 제공한 사람의 주관이다. 자신에게 유리한 것을 쓰는 게 대부분이다. 예컨대 전부 거짓말이 아니라도 공평성이 결여되기도 한다. 사람들에게 어떤 식으로 보일지를 계산하는 게 보통으로, 주위의 오해를 사지 않도록 주의를 기울인 것도 적지 않다. '이것은 사실과는 다르다'는 항의를 받으면 '그런 생각에서 작성한 것이 아니다. 오해가 있었다면 미안하다'는 대답을 준비하기도 한다. 결국 '오해한 사람이 나쁘다'는 태도다. 그런 것까지 상정하여 글을 쓴다.

다른 사람의 의견이나 객관적인 사실로 대다수가 인정하는 것을 인용하고 여기에 자신의 생각을 제시하는 것이 정석이다. 나는 좀처럼 인용을 하지 않는다. 누군가의 의견을 참고하여 생각하는 것도 아니고 구체적인 사실과도 무관한 추상적인 것을 화제로 삼기 때문이다.

요즘 아이들은 매우 뛰어난 정보처리능력을 갖추는데 사실 아무래도 좋은 것을 인용하는 경우가 많다. 개중에는 인용만 하고 자신의 의견이 어떠한지 밝히지 않는 아이들도 있다. 이런 것이 나쁜 것은 아니다. 굳이 자신의 의견을 말하지 않는 태도도 존중받아 마땅할 것이다.

그런데 문제는 자신에게 유리한 것만을 인용해 자신의 의견을 주장하고, 자신과 다른 의견에 대해서는 '정말이지 아무것도 모른다'고 비난하는 태도다. 이런 사람이 의외로 많다. 때때로 자신이 알고 있다는 것에 흥분하여 '이것이 절대 옳다'며 고집한다. '원자력발전 결사반대'를 외치는 사람의 몇 퍼센트는 이 부류가 아닐까?

'결정할 수 없다'는 게 옳다

나는 원자력발전에 대하여 반대도 찬성도 하지 않는다. 아니,

절반은 반대하고 절반은 찬성한다. 하지만 이 문제는 실로 중요하기에 반대하는 사람의 생각도 찬성하는 사람들의 생각도 충분히 들으려고 한다. 그래서 책도 여러 권 읽었다.

그런데 '지금 당장 원자력발전을 전부 중지하라'고 주장하는 사람에게 '그럼 그만큼의 전력은 어떻게 확보할 것인가?'라고 물으면 '목숨이 달린 일이다. 그 위험한 것에서 우리의 아이들을 지켜야 한다. 아이들의 미래는 어찌 되어도 좋다는 것인가?'라며 분개한다. 이것은 '전쟁은 하지 않는 것이 좋다'고 말하는 것만으로 '당신은 애국심도 없는가!'라고 비난받던 과거 군국주의 시대와 다를 바 없다.

어린아이까지 데리고 나와 데모에 참여하기도 한다. 아이들이나 젊은 사람에게는 중립적인 지식을 제공하는 게 옳지 않을까?

대상을 추상적으로 파악하고 객관적으로 보면 좀처럼 결론을 내리지 못하는 일들이 많다. 원자력발전은 예컨대 폭력단처럼 절대적인(에 가까운) '악'이 아니다. 사람을 죽이기 위해 만들어진 무기 같은 것도 아니다. 사회에 도움을 주기 위해, 특히 국가의 미래를 위해 필요한 기술로서 지혜를 모아 국민들의 세금으로 만들어진 것이다. 만일 그런 '절대 악'이었다면 전 세계에 이렇듯 보급되었을 리 없다. 하지만 제어하기 어렵다는 사실을 뒤늦게 알아차렸다. 분명 다소 안이하게 생각했던 점은 있다. 자, 그렇다면 기술이 나아질 때까지 지금보다 더 원자력발전소를 늘리지는 말자는 의견이 지금 꽤 그럴듯하게 들린다. 한동안 천연가스나 석탄을 사용하면 될 것이다. 이산화탄소가 증가할 테지만 일단 그 문제를 무시하면 원자력발전에 대하여 신중하게 대처할 여유를 가질 수 있다.

대략적으로 우리가 처해 있는 상황은 이러하지 않을까?

따라서 결사반대도 결사찬성도 아니다. 그것이 더 솔직하고 극단적인 의견보다 적어도 옳지 않을까? 어째서 찬성인지 반성인지를 결정해야만 하는 것일까? 국민투표를 실시한 국가도 있지만 그런 절차를 밟아 과연 옳은 결론을 이끌어낼 수 있을까?

'결정하지 않는다'는 현명함

물론 어느 한쪽을 선택하지 않은 채로는 곤란할 때도 있다. 찬성인가 반대인가 어느 쪽을 결정해야만 할 때도 있다. 예컨대 공사를 시작할 것인가, 재가동을 할 것인가 하는 결단을 자꾸 미루기만 한다면 현실은 아무것도 나아지지 않는다. 따라서 개개의 경우에 대하여 그때마다 어느 쪽인가를 결국 다수결로 결정하는 상황을 피할 수 없다. 스스로도 찬성할지 반대할지, 아니면 기권할 것인지를 결정하지 않으면 안 될 때가 언제 인가는 반드시 온다.

단, 그것은 어디까지나 구체적으로 눈앞에 닥친 문제다. 앞으로의 방향성이라는 문제에 대해서는 될 수 있으면 판단을 미루는 게 좋다. 보류하는 것도 추상적인 사고에서 나온다.

다급하게 어느 한쪽을 결정할 필요는 없다. 어렴풋한 상태로 좋지 않을까? ○인지 ×인지를 결정해야만 한다고 생각하는 것은 '이제 생각하기 싫다'는 생리적인 욕구에 의한 것으로 보인다. 생물은 생각하기 싫어한다. 인간도 본능적으로 '생각하고 싶지 않다'. 그러는 게 편하기 때문이다.

하지만 인간만이 이 '힘든 사고'라는 것을 한다. 결정하지 말고 그때그때 생각하면 된다. 개개의 조건에 따라 다를 것이고, 시간이 흐르면서 입장이 달라지고, 새로운 정보를 얻으면 생각이 바뀔 가능성도 크기 때문이다. 가능한 한 '옳은' 것에 다가가고 싶다면 여하튼 상황이 허락되는 한 보류하고 자신에게 시간을 줘야 한다.

일반적으로 말하기를 늦게 하라 판단하는 게 옳을 가능성이 높다고 한다. 흥분한 상태에서 계약을 체결하려는 사람은 감정적으로 그릇된 판단을 할 수 있어서 이익을 얻으려는 사람들에게는 기회를 준다.

추상적으로 생각하는 사람은 여러 가지 일들에 대하여 결정을 미룰 수 있는 머리를 가지고 있다. 미루는 일이 많을수록 그만큼 용량이 큰 '넓은 정원'을 가진다. 넓은 정원에서는 여러 가지의 작업을 벌여둔 채로 방치할 수 있다. '할 마음이 생기면 그때 다시 하자'고 그대로 버려둘 수 있다. 일일이 정리하지 하지 않아도 된다. 그 방치한 작업이 어느 때 다른 것과 연결되어 '이것은 이렇게도 이용할 수 있다'거나 '이것이 이러하다면 저것은 조금 다시 생각해보자'고 영향을 주고받기도 한다. 방치해둔 덕에 새롭게 떠오르는 발상이 있고 그것을 살린다. 무엇보다 '그것은 앞으로 어떻게 될지?'를 오랫동안 생각할 수 있다.

이상을 목표로 하는 즐거움

지금 당장 할 수 있는 일이라면, 매일 머릿속 '생각의 정원'을 가꾸는 시간을 가지는 것이다. '쓸데없다'고 의심하지 않는다. 아니, 사실 의심해도 좋다. 의심하면서 정원을 가꾸는 게 좋다. 그런 식으로 보면 본디 사는 게 괜한 것일지도 모른다. 하지만 그것을 의심하면서도 살아간다.

　꾸준히 매일 그리고 시간이 있을 때마다 자기만의 '정원'을 산책한다. 처음에는 재미라고는 눈곱만큼도 느끼지 못할지도 모르지만, 매일 살피는 가운데 조금씩 하고 싶은 일을 찾고,

그 일을 하는 동안에 조금씩 변화를 알아차린다. 그런 작은 변화를 발견하는 것도 또 다른 즐거움이다.

초조함에 마트에서 파는 화초를 가져다 심어도 자신의 정원 환경에 맞지 않으면 곧 시들어버린다. 비록 시들지 않았어도 아름다웠던 모습은 온데간데없고 볼품없게 되어버린다. 게다가 화려하고 아름다운 화초는 대개가 한해살이로 그 한 해로 말라 죽는다. 결국 기본적으로 뿌리를 내리지 못한다. 유행하는 '○○사고법'이라는 유형은 한해살이 화초 같다. 그런 것이 방해되어 진짜로 필요한 것의 생장이 늦어지기도 한다.

반대로, 잡초는 열심히 뽑아도 뿌리가 남아 계속 싹을 틔운다. 심은 식물이 마음에 들지 않을 때도 간단히 뽑아버릴 수 없다. 따라서 이곳에 무엇을 심을지를 곱씹어보는 게 좋다. 하지만 기본적으로 심어보지 않으면 알 수 없다. 어느 것이 잡초이고, 어느 것을 남겨둬야 하는지도 한동안 살피지 않으면 알 수 없다. 다른 사람의 정원을 참고하는 것도 어느 정도는 필요하지만 그 정원에 직접 들어설 수는 없으니 사진(그 사람의 말)으로밖에 볼 수 없다.

스스로 만든 생각의 정원은 다른 사람의 것과는 다르다. 어딘가 다르기에 당신의 존재 의미가 있는 것이다.

마지막으로, 자신이 이상으로 그리는 정원을 완성시키는

일은 일단 없다고 말해주고 싶다. 그보다는 어디를 향하여 '나아간다'는 의식을 가지는 게 중요하고, 그것이 바로 즐거움이 된다는 말로 이 책을 마무리하고 싶다.

에필로그

그동안 여러모로 도움을 주신 편집자의 소개로 신초신사에서 '업무의 기술' 같은 내용의 책을 의뢰받은 적이 있다. 비록 그 주제의 책을 쓰지는 못하지만 이런 내용은 어떨지 제안한 게 이 책의 출발점이었다. 집필을 마쳤을 때 이 책의 제목으로 나는 '추상적 사고의 정원'을 염두에 두었지만, 제목은 편집부에 일임했다. 원고를 집필하는 데 10시간 정도가 걸렸다(이런 구체적인 데이터에 별로 의미는 없다). 단지 원고를 쓰는 가운데 '정원'이라는 발상을 얻은 것이 나로서는 크나큰 수확이었다. 그만큼 생각의 보폭을 키울 수 있었다. 편집자인 마루야마 히데키 씨에게도 고맙다는 인사를 드리고 싶다.

'~라는 것'이라는 표현

앞에서 '~와 같은' 것이라는 표현을 자주 사용했는데, 추상적인 것에 대하여 말하기에 도저히 피할 수 없는 표현이었다. 일상적인 대화에서도 자주 등장하는 매우 편리한 표현이다.

예를 들어 어린아이가 엄마에게 '과자 사줘요'라고 조를 때에 '대략 그 과자 같은 것이 먹고 싶어요'라고 하면 좀 이상하게 들릴지도 모르지만, 요즘 아이들은 이 정도는 말한다. 그러나 '과자라는 것을 사주세요'라고 말하지는 않는데, 매우 의미심장하게 들린다.

'과자'와 '과자라는 것'의 차이는 무엇일까?

'과자'가 구체적인 이미지를 동반하는데 비하여 '과자라는 것'은 과자가 가진 추상적인 가치를 불현듯 떠올리게 한다. 그것은 '과자라는 것은 결국 무엇일까?'라는 의문을 유도한다. 따라서 구체적인 것밖에 이미지 하지 않는 아이의 입에서 이런 말이 나오면 왠지 묘하게 느껴진다. 만일 이 말을 아리스토텔레스가 했다면 자연스럽게 '네, 알겠습니다'라고 대답할 뿐으로 위화감 같은 건 느끼지 않을 것이다. 이것은 아리스토텔레스가 '세상에는 과자라는 것이 있다. 나는 그 존재를 아직 충분히 알지 못하지만, 당신이 그것을 사 오지 않겠는가? 당신이 과자라고 인식하는 것으로 좋다'고 말하는 걸 상상할 수 있다.

찰리 브라운(유명한 스누피를 탄생시킨 사람)을 그린 영화의 제목은 〈A Boy Named Charlie Brown〉이다. '찰리 브라운이라는 소년'이라는 의미다. 어째서 단순히 '찰리 브라운'이라는 제목으로 하지 않은 것일까? 그때 나는 의문을 가졌다. 조사해보니 1969년 영화로 내가 본 것은 고등학교 때였다.

슈퍼맨이나 배트맨이라는 제목은 너무 단도직입적이다. '슈퍼맨이라는 남자'가 아니다. 바로 이 부분이 흥미롭다. 이 표현에는 '아직 잘 알려져 있지 않지만 이 영화를 보는 동안 찰리 브라운이 어떤 아이인지를 알게 될 것'이라는 메시지를 담고 있다. 슈퍼맨이나 배트맨은 모두 충분히 알고 있어 단도직입적인 제목을 채택하고 있다.

이름은 고유명사로, 명사 중에도 지극히 구체적인 것이지만 그래도 처음 이름만 들었을 때는 그 인물의 구체적인 정보가 없어 단지 그런 이름의 인물만이 존재한다. 뒤집어 말하면, 그 이름이 가지는 정보는 이후에 점차 변해간다. 여기에 '그런 것은 당연하다'고 말할지 모르지만 과연 그럴까?

'좋다·싫다' 증후군

보통 사람은 '아프리카의 이곳에 이집트라는 나라가 있다'고 사회 과목에서 배우면 이집트에 대하여 이미 '안다'고 생각한다. 어느 날 그 나라에서 안 좋은 일이 일어나면 그 나라가 싫어진다. 싫어지면 실제로 그곳이 어떠한지에 대하여 생각해보지도 않고 '나는 이집트가 싫다'고 말하게 된다. 그렇게 이집트인도 싫고 이집트 요리도 먹지 않고 이집트 관련 책 같은 것에는 눈길도 주지 않는다. 그런 식으로 결정이 되어버린다.

이것은 극단적으로 이야기지만, 이와 비슷한 일을 우리는 하고 있다.

원래 어떤 정보가 들어오느냐에 따라서 점차 인식이 변하기 마련이다. 또 '좋다·싫다'를 결정하고 좋으니 정보를 받아들이고 싫으니 정보를 꺼리는 것은 도무지 이유가 되지 않는다. '감정에는 솔직해야 한다'는 주장도 있지만 개인적으로 터무니없다고 생각한다.

만일 '좋다·싫다'는 기준으로 정보를 가린다면 차분히 '좋다는 것'이 무엇인지 또 '싫다는 것'이 어떤 것인지를 생각해보길 바란다. 그리고 그런 기준을 가지고 있는 '자신이라는 것'을 다시금 보기를 바란다.

물론 당신이 감정적으로 무엇을 좋아하고 무엇을 싫어하는지는 나와는 상관없는 문제로 내게 어떤 영향도 미치지 않는다. 그것은 당신이 어떻게 행동할지, 어떻게 생각할지에 영향을 미친다.

발상이 없다는 위험

이것은 오늘 내가 경험한 일이다.

오늘 나는 잔디에 살충제를 뿌렸다. 일 년에 단 한 번 살충제를 뿌려야 한다는 것을 책에서도 보고 잔디를 잘 가꾸는 이웃이 조언도 해주었기 때문이다. 농약이라고 해도 불과 1g의 분말을 1ℓ 물에 희석하여 그것을 잔디에 뿌리기만 하면 된다.

저녁에 이 작업을 하기에 앞서 아내에게 '지금부터 농약을 뿌릴 테니 개를 정원에 풀어놓지 말라'고 일러두었다. 아내는 '알았다'며 고개를 끄덕였다. 그래서 서둘러 그 작업에 착수했다.

농약을 5ℓ로 희석하여 2평 정도의 면적에 뿌렸다. 그래서 여러 차례 물뿌리개에 약물을 담아 잔디밭으로 오갔다. 세 번째인가 네 번째였을 때의 일이다. 잔디밭에 가니 아내가 잔디밭 바로 옆에 있는 화단에서 무엇인가를 하고 있었다. '무엇을 하고 있는지?' 물으니 '저녁에 먹을 깻잎을 뜯고 있다'고 답했다.

평소 정원에 함께 나왔던 개들은 집 안에서 이쪽을 보고 있었다. 내가 말한 대로 아내는 개를 정원에 내놓지 않았다. 그러나 깻잎에 농약이 묻었는지 아닌지에 대해서는 전혀 생각도 못 했다고 한다. 나 역시도 깻잎에 농약을 뿌리지는 않았지만 농약이 묻었을 가능성은 꽤 높기에 분명 문제로 느꼈다.

만일 내가 주의하기 전에 깻잎을 딸 생각이었다면 '그럼 먼저 깻잎을 따겠다'고 말해야 했고, 만일 농약을 뿌린 뒤에 깻잎을 딸 생각했다면 '따도 괜찮아?'라고 확인했어야 했다.

'개를 밖에 내놓지 마라'는 구체적인 제시에 사로잡혀 있기에 본래 그 이유, 좀 더 중요한 본질을 파악하지 않았던 것이다. 그와 동시에 아내가 깻잎을 딸지도 모른다는 발상을 하지 못한 나 역시도 반성해야 한다.

마지막으로

나는 다른 사람의 의견을 들을 때나 책을 읽을 때는 내 자신이 어떤 영향을 받겠다는 마음가짐으로 대한다. 그렇지 않으면 의견을 듣거나 책을 읽는 의미가 없기 때문이다. 결과적으로 영향을 받지 않을 수도 있지만 적어도 영향을 받겠다는 자세가 타인을 대하는 자세로 적절하다고 생각하기 때문이다. 쇼핑할 때도 사려는 마음으로 보면 진지해진다. 비록 지금은 사지 않더라도 언제인가 살 것이라고 생각하지 않는다면 그저 바라볼 뿐으로 머릿속에 어떤 인상도 남지 않는다.

반대로 자신이 의견을 말하거나 글을 쓸 때도 조금이라도 사람들에게 영향을 주고 싶다. 실제로 타인의 의견에 귀를 기울이고 책을 읽는 사람은 극히 일부로, 조금이라도 사람들에게 영향을 주는 책이 되었으면 좋겠다. 물론 그것은 '나와 뜻을 같이하자'는 의미는 아니다. 나의 의견에 반대하는 것도 영향이고 그래도 상관없다. 단지 그 영향이 사람들을 좋은 방향으로 이끌어주기를 바랄 뿐이다.

인간은 기본적으로 자기 자신을 좋은 방향으로 이끌어나갈 힘을 가지고 있다. 기본적으로 나는 그렇게 생각한다. 그 때문에 이 책을 쓰는 것이기도 하다.

이런 추상적인 글을 오래도록 읽어주신 여러분은
이미 이 책을 끝까지 읽은 것만으로
추상적인 사고를 할 수 있는 소양이 충분히 갖춰져 있다.
이미 머릿속에 '생각의 정원'을 가지고 살아가고 있다.

2012년 9월 햇살과 바람이 스치는 나무 아래서

모리 히로시

마인드빌딩의 한마디

생각의 보폭을 조금 넓히면
인생의 방향이 보인다

아이를 낳기 전까지는 누군가의 아내이자 며느리로 산다는 것이 얼마나 힘든 일인지 잘 몰랐다. 달콤하기만 했던 신혼생활과 달리 아기를 보며 날밤을 새운 날짜가 수두룩하게 쌓이는 만큼 남편과의 다툼도 잦아지기 시작했다. 아기 낳기 전에 수십 권의 육아 관련 서적을 읽으며 지식을 쌓았다고 자부했지만, 갑자기 아기가 울기 시작하면 책 속의 어느 구절도 생각나지 않았다. 늘어나는 다크써클의 크기만큼 체력도 점점 바닥으로 떨어졌다. 그때쯤 우울증도 절정을 맞아 자살에 관해 진지하게 생각했었다. 그렇게 스스로 죽음을 맞이하려고 고민하고 있을 때쯤 박재현 선생님의 소개로 이 책을 만났다.

책을 읽으며 '자살하는 사람들의 이유는 너무 구체적'이라는 문장을 보고 깜짝 놀랐었다. 굉장히 구체적이고 주관적인 이유들을 나열하던 내 모습이 생각나 갑자기 얼굴이 화끈거렸기 때문이다. 읽으면 읽을수록 계속 무언가를 떠올리거나 생각하게 하는 힘이 느껴졌고, 그로 인해 더 살고 싶다는 아니, 잘 살고 싶다는 욕망이

218

커져갔다.

　이 책을 읽기 전까지는 '추상'이라는 단어에 대해 오해하고 있었다. 그저 모호하고 명확하지 않거나, 피카소의 〈게르니카〉 같은 그림을 떠올릴 때 생각하는 단어였다. '여러 가지 사물이나 개념에서 공통되는 특성이나 속성 따위를 추출하여 파악하는 작용'이라는 것도 이번에 알게 되었다. 게다가 '주관적'으로 생각하다 보면 '추상적'으로 되는 줄 알았는데, 오히려 반대였다. 구체적일수록 주관적이 되는 것이고, 추상적일수록 객관적으로 사고하는 것이라니! 너무나도 신선한 충격이었다. 아무래도 공학 박사인 모리 히로시이기에 이렇게 잘 정리한 것 같다. 그저 소설만 썼다면 명쾌하게 정리하지 못했을 것이다.

　물론 이 책이 자기계발서처럼 아주 속 시원하게 '인간의 여러 가지 문제에 대하여 어떻게 생각하는지' 정답을 제시하고 있는 것은 아니지만, 독자마다 각각의 삶이 있고 개인사가 있기에 명쾌하게 답을 주지 않는 것이 모리 히로시가 생각한 정답이라고 느껴졌다.

　아무쪼록 추상적으로 생각하는 즐거움을 이 책을 통해 많은 독자분들이 느꼈으면 좋겠다.

　마지막으로 언젠가 한 번은 꼭 박재현 선생님과 일하고 싶었는데, 이 책을 통해 소원을 풀어 행복하다. 박재현 선생님을 소개해주신 BC에이전시의 한유키코 팀장님께도 깊은 감사를 전하고 싶다.

기획책임자(CPO) 심미정

생각의 보폭
NINGEN WA IROIRONA MONDAI NI TSUITE DOU KANGAETE IKEBA YOINOKA

초판 1쇄 발행 2018년 11월 1일
초판 2쇄 발행 2018년 12월 15일

지은이 모리 히로시
옮긴이 박재현
펴낸이 서재필
기획책임자(CPO) 심미정
디자인 designforme
인쇄제본 김용문 · (주)상지사P&B
용지 우승헌 · (주)타라유통

펴낸곳 마인드빌딩
주소 경기도 고양시 덕양구 도래울로 86, 309-601
출판신고 2018년 1월 11일 제395-2018-000009호

이메일 mindbuilders@naver.com
블로그 blog.naver.com/mindbuilders
페이스북 www.facebook.com/mindbuildings

한국어출판권 ⓒ 마인드빌딩, 2018
ISBN 979-11-963390-3-6 03100

마인드빌딩에서는 여러분의 투고원고를 기다리고 있습니다. 출판하고 싶은 원고가 있는 분은
mindbuilders@naver.com으로 기획 의도와 간단한 개요를 연락처와 함께 보내주시기 바랍니다.